JAPOŃSKA KSIĄŻKA KUCHENNA DO CODZIENNEGO GOTOWANIA

TRADYCYJNA KUCHNIA JAPOŃSKA W 100 PYSZNYCH PRZEPISACH

Justyna Kołodziej

Wszelkie prawa zastrzeżone.

Zastrzeżenie

Informacje zawarte w tym eBooku mają służyć jako obszerny zbiór strategii, na temat których autor tego eBooka przeprowadził badania. Streszczenia, strategie, porady i wskazówki są jedynie rekomendacjami autora, a przeczytanie tego eBooka nie gwarantuje, że czyjeś wyniki będą dokładnie odzwierciedlać wyniki autora. Autor eBooka dołożył wszelkich uzasadnionych starań, aby zapewnić aktualne i dokładne informacje dla czytelników eBooka. Autor i jego współpracownicy nie ponoszą odpowiedzialności za jakiekolwiek niezamierzone błędy lub pominięcia, które mogą zostać znalezione. Materiał w eBooku może zawierać informacje pochodzące od osób trzecich. Materiały osób trzecich zawierają opinie wyrażone przez ich właścicieli. W związku z tym autor eBooka nie ponosi odpowiedzialności za materiały lub opinie osób trzecich.

Książka elektroniczna jest chroniona prawami autorskimi © 2022 z wszelkimi prawami zastrzeżonymi. Redystrybucja, kopiowanie lub tworzenie prac pochodnych na podstawie tego eBooka w całości lub w części jest nielegalne. Żadna część tego raportu nie może być reprodukowana ani retransmitowana w jakiejkolwiek formie reprodukowanej lub retransmitowanej w jakiejkolwiek formie bez pisemnej wyraźnej i podpisanej zgody autora.

SPIS TREŚCI

SPIS TREŚCI 3

WPROWADZANIE 8

ŚNIADANIE 9

   1. Omlet Ramen 10
   2. Marynowane jajka na ramen 13
   3. Jajka bento ramen 16
   4. Hiroszima Okonomiyaki 19

PRZYSTAWKI I PRZEKĄSKI 22

   5. Ciasteczka z makaronem miętowym 23
   6. Smażone pierścienie ramen 26
   7. Sztuczna pizza pepperoni ramen 29
   8. Tajski ramen satay wołowy 32
   9. Mock ramen pot place 37

DANIE GŁÓWNE 40

   10. Patelnia z makaronem ramen ze stekiem ... 41
   11. Serowy Ramen Carbonara 44
   12. Czteroskładnikowy ramen 46
   13. Ramen lasagne 48
   14. Ramen z trawy cytrynowej z kaczką 51
   15. Sfermentowany makaron syczuański 55
   16. Japońskie zoodles teriyaki stir fry 59
   17. Makaron na lunch 62
   18. Hawajska patelnia do ramenu 64

19. Słodki ramen z tofu 67
20. Ramen z imbirem wołowym 71
21. Rolada Ramen 75
22. Luizjana krewetki ramen 79
23. Ramen słonecznikowy z winegretem 82
24. Shoyu Ramen 85
25. Miso Ramen 87
26. Prosty domowy ramen z kurczaka 89
27. Ramen wegetariański 91
28. Makaron Ramen 93
29. Ramen wieprzowy 95
30. Natychmiastowy Ramen 98
31. Ramen z amerykańskiej mielonej wołowiny 100
32. Makaron kimczi 104
33. Pieczony makaron miso 107
34. Tropikalne curry ramen 110
35. Gorący strzał z ramen 114
36. Kolacja Ramen 117
37. Słodko-pikantny ramen z mieszanym smażeniem 119
38. Parmezan tuńczyk ramen 123
39. Patelnia do steków Ramen 126
40. Miski teriyaki do ramen 129
41. Chili kokosowy ramen 133
42. Ramen z zieloną fasolką smażoną na patelni 136
43. Shoyu ramen 139
44. Ramen z brokułami i ostrygami 142
45. Chrupiący japoński ramen 145

46. Ramen toskania 148
47. Ramen Seul 153
48. Zapiekanka z chili ramen 156
49. Słodka patelnia do ramen 159
50. Francuski ramen pan..................................... 163
51. Patelnia do makaronu Mung bang 167
52. Smażona ramen z kurczaka......................... 171
53. Popcorn z kurczaka....................................... 175
54. Zapiekanka z kurczaka i brokułów............ 179
55. Skrzydełka z kurczaka w panierce z makaronem.. 182
56. Makaron z boczku wieprzowego 186
57. Gorący Kotlet Wieprzowy Ramen.............. 190
58. Wieprzowina Miso i Ramen 194
59. Wieprzowina o Smaku Chili i Ramen 198
60. Pieczona wieprzowina Ramen 201
61. Ramen Sezamowy o Smaku Imbiru.............. 204
62. Stek wołowy Veggie Ramen 207
63. Brokuły i wołowina Ramen......................... 211
64. Klopsiki wołowe Ramen 214
65. Smażona mielona wołowina Ramen 218
66. Ramen i miska rybna o smaku czosnkowym 221
67. Tuńczyk z Ramen 224
68. Wolno gotowane owoce morza i Ramen . 226
69. Wymieszaj smażone warzywa i Ramen.... 229
70. Warzywa pieczone z ramen 232
71. Łatwy wegański ramen................................... 235
72. Czerwona Papryka Limonka Ramen 238
73. Yakisoba.. 241

ZUPY I SAŁATKI **244**

74. Sałatka z makaronem ramen 245
75. Zupa ramen dla dzieci 248
76. Zupa z makaronem nori 251
77. Sałatka z jabłkiem ramen 254
78. Ramen zupa sezamowa 258
79. Sambal sałatka ramen 261
80. Krem z ramenu i grzybów 264
81. Sałatka z sosem serrano ramen 267
82. Mandarynkowa sałatka ramen 271
83. Zupa curry z makaronem 274
84. Sałatka z kremowymi orzechami i makaronem 277
85. Japońska zupa grzybowa z makaronem 280
86. Zupa z makaronem drobiowym 283
87. Sałatka z makaronem z kurczakiem ramen 286
88. Zupa wieprzowa z ramenem 289
89. Łatwa zupa ramen z wołowiną 293
90. Zupa Rybna Ramen 296
91. Zupa z makaronem krewetkowym 299
92. Zupa Ramen z Grzybami 302
93. Zupa grzybowa Ramen 305
94. Makaron i Kulki Wieprzowe z Mikrozielonymi 308

DESERY **313**

95. Ramen z syropem czekoladowym 314
96. Ramen z sosem truskawkowym 317
97. Chrupiący makaron ramen Baton 320

98. Buckeye ramen stogi siana 323
99. Ciasteczka z makaronem ramen 326
100. smażony-lody-ramen 329

WNIOSEK...332

WPROWADZANIE

Japończycy zawsze cieszyli się uwagą świata, a wszystko to dzięki godnej pozazdroszczenia technologii. A ich kuchnia to kolejny obszar wielkiego podziwu wielu, ale nie każdy ma pojęcie o kreatywności spiżarni. Cóż, to się wkrótce zmieni, ponieważ odwiedzisz około 100 niesamowitych i łatwych japońskich dań z ramen do zrobienia w domu. Dzięki temu możesz wreszcie zamknąć oczy i cieszyć się niekończącym się japońskim aromatem unoszącym się w powietrzu.

Kuchnia japońska obejmuje głównie terytorialne i konwencjonalne odżywianie Japonii, które rozwinęło się przez setki lat zmian politycznych, monetarnych i społecznych. Zwyczajowa kuchnia Japonii opiera się na ryżu z zupą miso i różnymi potrawami; nacisk kładziony jest na składniki sezonowe.

ŚNIADANIE

1. Omlet Ramen

Porcje: 6

Składniki

- 2 opakowania (3 uncje) makaronu ramen, gotowane
- 6 jajek
- 1 czerwona papryka, posiekana
- 1 duża marchewka, starta
- 1/2 C. parmezan, starty

Wskazówki

a) Zdobądź miskę do mieszania: Wymieszaj w niej jajka z 1 opakowaniem przypraw do ramen.

b) Dodaj makaron, paprykę i marchew. Dobrze je wymieszaj.

c) Zanim zrobisz cokolwiek innego, rozgrzej piekarnik do 356 F.

d) Posmaruj formę do muffinek odrobiną masła lub sprayu do gotowania. Włóż ciasto do foremek.

e) Posyp babeczki parmezanem. Gotuj babeczki w piekarniku przez 16 minut. Podawaj je na ciepło. Cieszyć się.

2. Marynowane jajka na ramen

Porcje: 1

Składniki

- 6 jajek
- 1 łyżka octu ryżowego
- 2 łyżki sosu sojowego
- 1 łyżeczka cukru
- 1/2 łyżeczki oleju sezamowego

Wskazówki

a) Umieść garnek na średnim ogniu. Umieść w nim jajka i zalej je wodą. Gotuj je, aż zaczną się gotować.

b) Wyłącz ogień i załóż pokrywkę. Odstaw jajka na 10 minut. Po upływie czasu odsącz jajka i umieść je w misce. Zalej je zimną wodą i pozostaw na 6 minut. Obierz je i odłóż na bok.

c) Weź mały, ciężki rondel: wymieszaj w nim ocet, sos sojowy, cukier i olej sezamowy, aby zrobić marynatę.

d) Gotuj je na średnim ogniu, aż zaczną się gotować. Wyłącz ogień i odłóż marynatę na bok, aż się rozgrzeje.

e) Włóż jajka do dużego słoika z masonem i zalej je marynatą. Uszczelnij i odłóż na bok, aby usiąść na 1 dzień.

f) Gdy czas się skończy, odsącz jajka i podawaj je z ramenem.

g) Cieszyć się.

3. Jajka bento ramen

Porcje: 4

Składniki

- 6 dużych jaj
- 1 łyżki sody oczyszczonej
- Sos przyprawowy
- ¼ szklanki. Wzgląd
- ¼ szklanki bazy do zup o smaku Mizkan Bonito lub dowolnej bazy do zup
- 5 łyżek sosu sojowego
- 4 łyżki mirin

Instrukcje

a) W małym rondelku wlej wodę, dodaj sodę oczyszczoną, zagotuj. Dodaj jajka i gotuj przez 10 minut, gdy woda się zagotuje

b) W innym rondlu wymieszać wszystkie składniki sosu i gotować przez 5 minut. Wyłącz ciepło i odstaw do ostygnięcia

c) Gdy jajko będzie gotowe, wyjmij je i schłódź w lodzie. Złam i obierz skorupkę, umieść w pojemniku

d) Zalej jajka schłodzonym sosem, upewniając się, że jajka są całkowicie zanurzone w sosie. Zostaw to w lodówce na noc

e) Gotowe wyjmij z lodówki pokrój każdy na pół i podawaj

4. Hiroszima Okonomiyaki

Porcje: 2

Składniki:

- Woda, dwie łyżki stołowe
- Jajka, trzy
- Boczek, sześć pasków
- Kapusta, 150g
- Mąka Okonomiyaki, pół szklanki
- Sos Okonomiyaki, dwie łyżki
- Płatki Bonito, zgodnie z wymaganiami
- Makaron Yakisoba, dwie filiżanki
- Marynowany imbir, jedna łyżeczka
- Wodorosty Aonori, zgodnie z wymaganiami

Metoda:

a) Wymieszaj mąkę okonomiyaki z wodą i jednym jajkiem, aż uzyskasz gładkie ciasto bez grudek.
b) Dodaj mniej niż połowę ciasta na patelnię w ładnym równym okręgu.
c) Na ciasto nałożyć połowę kapusty i połowę kiełków fasoli, a następnie boczek.
d) Wlej jedną łyżkę ciasta na wierzch mieszanki i gotuj przez około dziesięć minut przed odwróceniem.

e) ugotuj jedną porcję yakisoba i umieść okonomiyaki na wierzchu makaronu.

f) Wbij jajko do miski i rozbij żółtko przed wlaniem do pierwszej patelni z boku okonomiyaki.

g) Umieść okonomiyaki na jajku i gotuj przez dwie minuty.

h) Udekoruj i podawaj.

PRZYSTAWKI I PRZEKĄSKI

5. Ciasteczka z makaronem miętowym

Porcje: 24

Składniki

- 4 opakowania (3 uncje) makaronu ramen, niegotowanego
- 1 (16 uncji) torebki z kawałkami ciemnej czekolady
- 12-14 kropli ekstraktu z mięty pieprzowej
- 1-2 krople ekstraktu z mięty zielonej
- 1-2 krople ekstraktu wintergreen
- 24 patyczki do lizaków
- 1/2 łyżeczki masła (opcjonalnie)

Wskazówki

a) Połam makaron na kawałki i włóż do miski. Umieść garnek na małym ogniu. Wymieszaj w nim wiórki czekoladowe z masłem, aż się rozpuszczą.

b) Wymieszaj ekstrakt z mięty. Gotuj je przez 1 minutę. Wlej mieszankę na cały makaron i dobrze je wymieszaj.

c) Użyj dużych łyżek stołowych, aby nałożyć mieszankę w kształcie ciasteczek na ułożoną blachę do pieczenia. włóż patelnię do lodówki na co najmniej 1 godzinę. Podawaj ciasteczka z ulubionymi dodatkami.

d) Cieszyć się.

6. Smażone pierścienie ramen

Porcje: 1

Składniki

- Ciasto do smażenia, rezerwa 2 C.
- 1 C. mąka samorosnąca
- 1 łyżeczka soli
- 1/4 łyżeczki pieprzu
- 2 jajka, ubite
- 1 st. piwo lub mleko
- Cebule
- 2 opakowania (3 uncje) makaronu ramen, opakowanie zarezerwowanego oleju, do smażenia
- 1 duża cebula Vidalia, obrączkowana

Wskazówki

a) Weź dużą miskę: wymieszaj w niej mąkę, jajka, piwo, szczyptę soli i pieprzu.

b) Zdobądź robot kuchenny: Przetnij jeden ramen na pół i przetwarzaj w nim, aż zostanie zmielony. Dodaj go do ciasta z mąki i dobrze wymieszaj. Drugi ramen drobno zmiażdżyć i umieścić w płytkim naczyniu. Dodaj do tego saszetkę przyprawową i dobrze wymieszaj.

c) Umieść dużą patelnię na średnim ogniu. Napełnij go 3/4 cala olejem i podgrzej.

d) Obtocz krążki cebuli w cieście z mąki i zanurz je w rozdrobnionej mieszance makaronowej. Umieść je w rozgrzanym oleju i smaż, aż się zarumienią.

e) Podawaj krążki cebuli z ulubionym dipem.

f) Cieszyć się.

7. Pizza z imitacją pepperoni ramen

Porcje: 6

Składniki

- 1 opakowanie (3 uncje) makaronu ramen, dowolny smak
- 1 łyżka oliwy z oliwek
- 1 (14 uncji) słoiki sosu do spaghetti
- 1 C. chudy ser mozzarella, rozdrobniony
- 3 uncje papryka z indyka
- 1/2 łyżeczki suszonego oregano

Wskazówki

a) Zanim cokolwiek zrobisz, rozgrzej piekarnik.

b) Makaron przygotować zgodnie z instrukcją na opakowaniu bez opakowania przyprawowego. Odcedź to.

c) Umieść dużą patelnię żaroodporną na średnim ogniu. Podgrzej w nim olej.

Podsmaż w nim makaron i dociśnij do dna przez 2 minuty, aby powstała skórka.

d) Wlej sos na cały makaron i posyp go 2 uncjami. plastry pepperoni. Posyp serem, a następnie pozostałym pepperoni i oregano.

e) Przełóż patelnię do piekarnika i gotuj przez 2 do 3 minut lub aż ser się rozpuści.

f) Pozwól pizzy stracić ciepło przez 6 minut. podawaj to.

g) Cieszyć się.

8. Tajska ramen satay wołowa

Porcje: 4

Składniki

marynata

- 2 łyżki sosu sojowego
- 2 łyżki soku z limonki
- 1 1/2 łyżeczki cukru
- 1 1/2 łyżeczki świeżego imbiru, startego, obranego
- 1 ząbek czosnku, starty (opcjonalnie)
- 1/4 łyżeczki płatków czerwonej papryki (opcjonalnie)
- 2 funty steków z boku, pokrojonych w cienkie plastry

Orzechowa glazura ramen

- 1 łyżka soku z limonki
- 1 łyżeczka cukru

- 1 łyżeczka świeżego imbiru, startego i obranego
- 1/3 st. kremowe masło orzechowe
- 1/3 C. woda
- 1 łyżka sosu sojowego
- 1/4 łyżeczki płatków czerwonej papryki (opcjonalnie)
- 1/4 C. prażone orzeszki ziemne, posiekane
- 3 cebule, pokrojone w plastry
- olej roślinny, do grilla
- 2 opakowania (3 uncje) makaronu ramen, gotowane, bez opakowania

Wskazówki

a) Umieść 12 drewnianych szaszłyków w wodzie i pozostaw na 16 minut. Weź brytfannę: wymieszaj w niej po 2 łyżki sosu sojowego i soku z limonki oraz 1 1/2 łyżeczki cukru i imbiru, czosnku i/lub 1/4 łyżeczki płatków czerwonej papryki, aby zrobić marynatę.

b) Dodaj plastry wołowiny do marynaty i wrzuć je do panierowania. Odłóż je na bok, aby usiadły na 12 minut.

c) Zdobądź robot kuchenny: Wymieszaj w nim 1 łyżkę soku z limonki, 1 łyżeczkę cukru i 1 łyżeczkę imbiru z masłem orzechowym i 1/3 st. C. wody. Przetwarzaj je, aż staną się gładkie.

d) Dodaj resztę sosu sojowego i ponownie przetwórz. Wlej mieszankę do małej miski.

e) Wymieszaj posiekane orzeszki ziemne i zieloną cebulę oraz opcjonalnie pozostałe 1/4 łyżeczki płatków czerwonej papryki, aby zrobić sos. Zanim zrobisz cokolwiek innego, rozgrzej grill i posmaruj go.

f) Plastry wołowiny odsączyć i nawlec na drewniane szpikulce. Plastry wołowiny smaż na grillu przez 4 do 5 minut z każdej strony.

g) Włóż makaron do miseczek. Skrop sosem z orzeszków ziemnych i posyp grillowaną wołowiną. Podawaj je na gorąco. Cieszyć się.

9. Mock ramen pot place

Porcje: 4

Składniki

- 2 opakowania (3 uncje) makaronu ramen
- 1 funt mielonej wołowiny
- 1 puszka (15 uncji) kukurydzy
- 1/2 C. cebula posiekana
- olej roślinny

Wskazówki

a) Zanim cokolwiek zrobisz, rozgrzej piekarnik do 350 F.

b) Makaron przygotować zgodnie z instrukcją na opakowaniu. Umieść dużą patelnię na średnim ogniu. Podgrzej w nim odrobinę oleju. Gotuj w nim wołowinę z cebulą przez 12 minut.

c) Rozprowadź mieszankę na dnie wysmarowanej tłuszczem formy do pieczenia. Po odcedzeniu dodaj słodką kukurydzę i makaron ramen.

d) Umieść zapiekankę w piekarniku i gotuj przez 14-16 minut. Podawaj to

DANIE GŁÓWNE

10. Patelnia z makaronem ramen ze stekiem

Porcje: 2

Składniki:

- Cebula, jeden
- Marchewki, pół szklanki
- Mielona wołowina, pół funta
- Olej rzepakowy, jedna łyżka
- Ketchup, dwie łyżki
- Sól i pieprz do smaku
- Skrobia kukurydziana, jedna łyżeczka
- Rosół wołowy, jedna filiżanka
- Sake, jedna łyżka stołowa
- Jajko na twardo, jedno
- Sos Worcestershire, jedna łyżka

Wskazówki:

a) Na dużej patelni na średnim ogniu rozgrzej olej.

b) Dodaj stek i obsmaż do pożądanego zakończenia, około pięciu minut z każdej strony na średnim poziomie, następnie przenieś na deskę do krojenia i odstaw na pięć minut, a następnie pokrój.

c) W małej misce wymieszaj sos sojowy, czosnek, sok z limonki, miód i cayenne, aż się połączą i odstaw na bok.

d) Dodaj cebulę, paprykę i brokuły na patelnię i gotuj do miękkości, następnie dodaj mieszankę sosu sojowego i mieszaj, aż całkowicie się pokryje.

e) Dodaj ugotowany makaron ramen i stek i wymieszaj, aż się połączą.

11. Serowy Ramen Carbonara

Porcje: 4

Składniki:

- Dashi, jedna filiżanka
- Oliwa z oliwek, jedna łyżka
- Plastry boczku, sześć
- Sól, zgodnie z wymaganiami
- Czosnek mielony, dwa
- Pietruszka, zgodnie z wymaganiami
- Parmezan, pół szklanki
- Mleko, dwie łyżki
- Jajka, dwa
- Paczka Ramen, trzy

Metoda:

a) Połącz wszystkie składniki.
b) Makaron ugotować zgodnie z instrukcją na opakowaniu.
c) Zachowaj ćwierć szklanki wody do gotowania, aby później rozluźnić sos, jeśli zajdzie taka potrzeba. Makaron odcedzić i wrzucić oliwą z oliwek, aby się nie sklejały.
d) Podgrzej średnią patelnię na średnim ogniu. Kawałki bekonu gotuj na brązowo i chrupiąc. Dodaj makaron na patelnię i wymieszaj z boczkiem, aż makaron pokryje się tłuszczem bekonowym.
e) Jajka ubić widelcem i wymieszać z parmezanem. Wlej mieszankę jajeczno-serową na patelnię i wymieszaj z boczkiem i makaronem.

12. Ramen czteroskładnikowy

Porcje: 2

Składniki

- 1 opakowanie (3 uncje) makaronu ramen, dowolny smak
- 2 st. woda
- 2 łyżki masła
- 1/4 C. mleko

Wskazówki

a) Umieść garnek na średnim ogniu i napełnij go wodą. Gotuj, aż zacznie się gotować.

b) Dodaj makaron i gotuj przez 4 minuty. wylej wodę i umieść makaron w pustym garnku.

c) Wmieszaj mleko z masłem i mieszanką przypraw. Gotuj je przez 3 do 5 minut na małym ogniu, aż staną się kremowe. Podawaj na ciepło. Cieszyć się.

13. Lasagne Ramen

Porcje: 4

Składniki

- 2 opakowania (3 uncje) makaronu ramen
- 1 funt mielonej wołowiny
- 3 jajka
- 2 C. tarty ser
- 1 łyżka mielonej cebuli

- 1 łyżka sosu do spaghetti

Wskazówki

a) Zanim cokolwiek zrobisz, rozgrzej piekarnik do 325 F.

b) Umieść dużą patelnię na średnim ogniu. Gotuj w nim wołowinę z 1 opakowaniem przypraw i cebulą przez 10 minut.

c) Przełóż wołowinę na wysmarowaną tłuszczem formę do pieczenia. Ubij jajka i gotuj je na tej samej patelni, aż będą gotowe.

d) Posyp wołowinę 1/2 C. tartego sera, a następnie gotowane jajka i jeszcze 1/2 C. sera.

e) Makaron ramen ugotuj zgodnie z instrukcją na opakowaniu. Odcedź i wylej z sosem do spaghetti.

f) Rozprowadź mieszankę na całej warstwie sera. Dodaj resztę sera. Gotuj w piekarniku przez 12 minut. podawaj lasagne na ciepło. Cieszyć się.

14. Ramen z trawy cytrynowej z kaczką

Porcje: 4

Składniki

- 5 C. woda
- 4 C. wywar z kurczaka
- 2 czerwone chilli, posiekane i przekrojone na pół
- 8 plasterków imbiru
- 3 łyżki soku z cytryny
- 3 łodygi trawy cytrynowej
- 2 gałązki kolendry
- 1 chińska kaczka z grilla, bez kości i posiekana
- 4 szalotki, posiekane
- 150 g suszonego makaronu ramen
- kiełki fasoli do przybrania
- czerwone chili, do przybrania
- kolendra do przybrania

- 3 pęczki bok choy
- Sól
- biały pieprz

Wskazówki

a) Umieść duży rondel na średnim ogniu. Zamieszaj w nim wodę z wywarem i zagotuj.

b) Zmiażdż trawę cytrynową kolendrą i dodaj do garnka z galangą, chili i sokiem z limonki. Gotuj przez 22 minuty. Po upływie czasu wlej mieszankę do durszlaka i odcedź. Wymieszaj odsączoną mieszankę na bok.

c) Do rondla wlać płyn odsączający. Wymieszać z szalotką z kaczką i gotować przez 5 minut.

d) Makaron przygotować zgodnie z instrukcją na opakowaniu bez opakowania przyprawowego. Wmieszaj kapustę bok choy do zupy i gotuj przez dodatkowe 6 minut.

e) Podawaj gorącą zupę z ulubionymi dodatkami.

f) Cieszyć się.

15. Sfermentowany makaron syczuański

Porcje: 2

Składniki

sos

- 1/2 łyżki sfermentowanej czarnej fasoli
- 2 łyżki pasty z fasoli chili
- 1/2 łyżki wina Shaoxing lub 1/2 łyżki wytrawnej sherry
- 1 łyżeczka sosu sojowego
- 1 łyżeczka oleju sezamowego
- 1 łyżeczka cukru
- 1/2 łyżeczki mielonego pieprzu syczuańskiego

Makaron

- 1 łyżka oleju arachidowego lub 1 łyżka oleju roślinnego
- 4 uncje mielona wieprzowina lub 4 uncje. mielona wołowina

- 2 szalotki, oddzielone biało-zielone części, posiekane

- 1 ząbek czosnku, posiekany

- 1 łyżeczka świeżego imbiru, posiekanego

- 3 st. bulion z kurczaka

- 1 funt tofu w kostkach

- 2 opakowania (4 uncje) makaronu ramen, opakowanie usunięte

Wskazówki

a) Weź małą miskę do mieszania: Zmiażdż w niej czarną fasolę z pastą z fasoli chili, winem ryżowym, sosem sojowym, olejem sezamowym, cukrem i pieprzem syczuańskim, aż staną się gładkie.

b) Umieść dużą patelnię na średnim ogniu. Podgrzej w nim olej. Smażyć w nim wieprzowinę przez 3 minuty.

c) Wymieszaj białka szalotki, czosnek i imbir i gotuj przez 1 minutę na małym ogniu.

d) Wymieszać na patelnię z czarną fasolą i bulionem. Gotuj je, aż zaczną się gotować. Zmniejsz ogień i dodaj tofu. Gotuj przez 6 minut.

e) Makaron przygotować zgodnie z instrukcją na opakowaniu.

f) Przełóż do miseczek i posyp mieszanką tofu.

g) Podawaj makaron na gorąco.

h) Cieszyć się.

16. Japońskie zoodles teriyaki stir fry

Porcje: 4

Składniki

- 2 łyżki oleju roślinnego
- 1 średnia cebula, pokrojona w cienkie plasterki
- 2 średnie cukinie, pokrojone w cienkie paski
- 2 łyżki sosu teriyaki
- 1 łyżka sosu sojowego
- 1 łyżka prażonych nasion sezamu
- zmielony czarny pieprz

Wskazówki

a) Umieść dużą patelnię na średnim ogniu. Podgrzej w nim olej. Dodaj cebulę i gotuj przez 6 minut.

b) Dodaj cukinię i gotuj przez 2 minuty. Dodaj pozostałe składniki i gotuj przez 6

minut. Podawaj swoje stir fry od razu.
Cieszyć się.

17. Makaron na lunch

Porcje: 1

Składniki

- 1 opakowanie (3 uncje) makaronu ramen
- 1/2 C. groszek mrożony
- 1 łyżka masła
- 1 łyżka parmezanu

Wskazówki

a) Zagotuj wodę w dużym rondlu. Makaron zmiażdżyć i wmieszać do gorącej wody z groszkiem.

b) Gotuj je, aż zaczną się gotować. Wlej mieszankę do durszlaka i wylej wodę.

c) Zdobądź miskę do mieszania: wrzuć do niej gorący makaron wymieszany z masłem, parmezanem i 1/3 opakowania przyprawowego ramenu. Podawaj swoje miski z makaronem na ciepło.

d) Cieszyć się.

18. Hawajska patelnia do ramenu

Porcje: 2

Składniki

- 6 oz. spam

- 1 zielona papryka, smażona, posiekana

- 1/2 C. cebula pokrojona w kostkę

- 1 opakowanie (3 uncje) makaronu ramen

- 1 ząbek czosnku, obrany i pokrojony w kostkę

- 1/4 łyżeczki soli

- 1/4 łyżeczki mielonego czarnego pieprzu

- 1 łyżka oliwy z oliwek

- 1/2 łyżeczki masła

Wskazówki

a) Umieść duży rondel na średnim ogniu. Gotuj w niej 2 C wody, aż zaczną się gotować.

b) Umieść w nim makaron bez opakowania przyprawowego. Odcedź i odłóż na bok.

c) Umieść dużą patelnię na średnim ogniu. Podgrzej w nim masło, aż rozpuści się z oliwą z oliwek. Gotuj w nich cebulę przez 3 minuty.

d) Dodaj Spam, paprykę i czosnek. Gotuj je przez 4 minuty.

e) Dodaj 1/2 C. płynu do gotowania makaronu z odsączonym makaronem.

f) Pozostaw na 1 minutę, a następnie podawaj na ciepło.

g) Cieszyć się.

19. Słodki ramen z tofu

Porcje: 1

Składniki

- 1 opakowanie makaronu ramen o smaku kurczaka
- 2 st. woda
- 2 łyżki oleju roślinnego
- 3 plastry tofu o grubości 1/4 cala
- 2 C. kiełki soi
- 1/2 małej cukinii, pokrojonej w cienkie plasterki
- 2 zielone cebule, pokrojone w plastry
- 1/2 C. strąki zielonego groszku
- mąka
- sól przyprawowa
- olej sezamowy

Wskazówki

a) Pokrój każdy kawałek tofu na 3 kawałki. Posyp je mąką. Umieść dużą patelnię na średnim ogniu. Podgrzej w nim 1 łyżkę oleju.

b) Gotuj w nim tofu przez 1 do 2 minut z każdej strony. Odcedź i odłóż na bok. Na tej samej patelni podgrzej odrobinę oleju. Smaż warzywa przez 6 minut. Odłóż je na bok.

c) Ugotuj makaron. Wymieszaj w nim saszetkę z przyprawami.

d) Umieść dużą patelnię na średnim ogniu. Podgrzej w nim odrobinę oleju.

e) Gotuj w nim kiełki fasoli przez 1 minutę.

f) Połóż usmażone kiełki fasoli na dnie miski do serwowania. Dodaj ramen, gotowane warzywa i tofu. Podawaj je na gorąco. Cieszyć się.

20. Ramen z imbirem wołowym

Porcje: 4

Składniki

- 14 uncji suszony makaron ramen
- 12 uncji. polędwica wołowa, półmrożona, aby ułatwić krojenie
- 1 1/2 litra bulionu drobiowego
- 1-calowy kawałek imbiru, grubo pokrojony
- 2 ząbki czosnku, przekrojone na pół
- 2 łyżki sake
- 3 łyżki shoyu, plus
- 1 łyżka shoyu, do smażenia
- 1 bok choy, przycięty i cienko posiekany
- 2 łyżki oleju arachidowego
- 8 suszonych grzybów shiitake, namoczonych
- sól morska do smaku
- świeżo zmielony czarny pieprz, do smaku

Wskazówki

a) Makaron przygotować zgodnie z instrukcją na opakowaniu.

b) Wylej wodę i odłóż makaron na bok.

c) Pokrój wołowinę na cienkie plasterki.

d) Umieść duży rondel na średnim ogniu. Podgrzej w nim bulion. Dodaj imbir z czosnkiem i gotuj przez 12 minut na małym ogniu.

e) Po upływie czasu odsącz imbir z czosnkiem i wyrzuć. Do bulionu dodać sake, shoyu oraz sól i pieprz.

f) Umieść dużą patelnię na średnim ogniu. Podgrzej w nim 1 łyżkę oleju. Smażyć w nim baby bok choy przez 3 minuty. Odcedź i odłóż na bok.

g) Podgrzej pozostały olej na tej samej patelni. Podsmażaj w niej wołowinę z grzybami przez 4 minuty. Dodaj do nich shoyu ze szczyptą soli i pieprzu.

h) Wymieszaj makaron w gorącej wodzie, aby go podgrzać, a następnie odcedź. Umieść go w miskach, a następnie posyp wołowiną, shiitake i kapustą bok choy. Zalej je bulionem z kurczaka. Podawaj od razu.

i) Cieszyć się.

21. Rolada Ramen

Porcje: 6

Składniki

- 1 1/2 funta steków z flanki
- 3 łyżki soli przyprawowej
- pieprz
- 1 jajko, ubite
- 1 łyżka wody
- 1 łyżka mąki
- 1 opakowanie (3 uncje) Top makaron Ramen, opakowanie wyrzuconej wykałaczki
- 2 łyżki sosu do steków

Wskazówki

a) Zanim cokolwiek zrobisz, rozgrzej piekarnik do 350 F.

b) Połóż 2 steki z boku na szerokim. Spłaszcz je młotkiem kuchennym. Dopraw kawałki steków masą McCormick All Seasoning, szczyptą soli i pieprzu z obu stron.

c) Zdobądź małą miskę: Zmieszaj w niej jajka z wodą. Dodaj mąkę i dobrze wymieszaj.

d) Wymieszaj miksturę z jednej strony kawałków steków. Rozbij ramen na kawałki i połóż go na kawałkach steków.

e) Steki zawijamy na nadzienie i zamykamy wykałaczkami. Roladki ze steków układamy na wysmarowanej tłuszczem blasze do pieczenia. Gotuj je w piekarniku przez 42 do 46 minut.

f) Polej roladki sosem do steków i gotuj je przez dodatkowe 12 minut. pozwól im odpocząć przez 12 minut, a następnie podawaj je z ulubionymi dodatkami.

22. Luizjana krewetki ramen

Porcje: 1

Składniki

- 1 opakowanie (3 uncje) zupa ramen z makaronem krewetkowym
- 6 dużych krewetek, skóry i żył usuniętych
- 1 łyżka masła
- 1/4 łyżeczki sproszkowanego czosnku
- 1 łyżeczka przyprawy kreolskiej
- 1/4 łyżeczki czarnego pieprzu
- 1/2 łyżeczki ostrego sosu

Wskazówki

a) Makaron przekroić na pół i przygotować zgodnie z instrukcją na opakowaniu bez opakowania przyprawowego.

b) Umieść dużą patelnię na średnim ogniu. Rozpuść w nim masło. Smaż w niej krewetki z proszkiem czosnkowym, przyprawą kreolską i czarnym pieprzem przez 6 minut.

c) Do miski wlać makaron 1/4 C. płynu do gotowania.

d) Dodaj krewetki i ostry sos, a następnie podawaj na ciepło.

e) Cieszyć się.

23. Ramen słonecznikowy z winegretem

Porcje: 8

Składniki

Ramen

- 16 uncji. szatkowana kapusta lub coleslaw mix
- 2/3 C. nasiona słonecznika
- 1/2 C. posiekanych migdałów
- 3 torebki makaronu błyskawicznego ramen o smaku orientalnym, chrupane, niegotowane, opakowanie zachowane
- 1 pęczek zielonej cebuli, posiekanej

Flakonik na sole trzeźwiące

- 1/2 C. olej
- 3 łyżki octu z czerwonego wina
- 3 łyżki cukru
- 2 łyżeczki pieprzu

- 3 opakowania przyprawy z makaronu błyskawicznego ramen o smaku orientalnym

Wskazówki

a) Zdobądź dużą miskę do mieszania: Wrzuć do niej składniki sałatki.

b) Zdobądź małą miskę do mieszania: Ubij w niej składniki dressingu.

c) Polej sałatkę sosem i wrzuć do obtoczenia. Podawaj od razu.

d) Cieszyć się.

24. Shoju Ramen

Porcja: 4

Składniki:

- Chashu, jedna filiżanka
- Nitamago, zgodnie z wymaganiami
- Shiitake, zgodnie z wymaganiami
- La-yu, zgodnie z wymaganiami
- Nori, pół szklanki
- Ramen, cztery opakowania
- Dashi, pół szklanki

Wskazówki:

a) W garnku z osoloną wrzącą wodą ugotuj ramen, mieszając szczypcami lub pałeczkami do ugotowania, około minuty.

b) W małym rondelku na średnim ogniu podgrzej dashi i shiitake, aż się zagotują.

c) Gotuj przez minutę i zdejmij z ognia.

d) Odłóż shiitake na bok.

e) Dodaj dashi i makaron do miski do serwowania.

f) Udekoruj chashu, nitamago, shiitake, zieloną cebulką, odrobiną la-yu i nori, jeśli chcesz.

25. Miso Ramen

Porcja: 2

Składniki:

- Pasta Miso, 1 łyżka stołowa
- Mix warzyw, 1 szklanka
- Ramen, 2 opakowania
- Sos sojowy, 1 łyżka stołowa

Wskazówki:

a) Ugotuj ramen i ugotuj warzywa.
b) Teraz wymieszaj wszystkie pozostałe składniki i podawaj na gorąco.

26. Prosty Domowy Ramen z Kurczaka

Porcja: 2

Składniki:

- Kurczak, jedna filiżanka
- Makaron Ramen, dwa opakowania
- Olej, jedna łyżeczka
- Sól i pieprz do smaku

Wskazówki:

a) Ugotuj ramen i kurczaka.
b) Teraz wymieszaj wszystkie pozostałe składniki i podawaj na gorąco.

27. Ramen wegetariański

Porcja: 2

Składniki:

- Mix warzyw, jedna filiżanka
- Makaron Ramen, dwa opakowania
- Olej, jedna łyżeczka
- Sól i pieprz do smaku

Wskazówki:

a) Ugotuj ramen i warzywa.
b) Teraz wymieszaj wszystkie pozostałe składniki i podawaj na gorąco.

28. Makaron ramen

Porcja: 2

Składniki:

- Makaron Ramen, dwa opakowania
- Pasta miso, dwie łyżki
- Sos sojowy, jedna łyżka

Wskazówki:

a) Wymieszaj wszystkie składniki razem i dobrze gotuj przez dziesięć minut.
b) Twoje danie jest gotowe do podania.

29. Wieprzowina Ramen

Porcja: 2

Składniki:

- Mięso wieprzowe, jedna filiżanka
- Makaron Ramen, dwa opakowania
- Olej, jedna łyżeczka
- Sól i pieprz do smaku

Wskazówki:

a) Ugotuj ramen i mięso wieprzowe.
b) Teraz wymieszaj wszystkie składniki i podawaj na gorąco.

30. Natychmiastowy Ramen

Porcja: 2

Składniki:

- Makaron ramen błyskawiczny, dwa opakowania
- Mieszanka przypraw instant, dwie łyżki
- Woda, trzy filiżanki

Wskazówki:

a) Wymieszaj wszystkie składniki razem i gotuj przez dziesięć minut.
b) Twoje danie jest gotowe do podania.

31. Ramen z amerykańskiej mielonej wołowiny

Porcje: 4

Składniki

- 1 funt mielonej wołowiny, odsączonej
- 3 (3 uncje) paczki makaronu ramen o smaku wołowiny
- 5 C. wrzącej wody
- 1/4-1/2 C. woda
- 1 (16 uncji) puszki kukurydzy
- 1 (16 uncji) puszki groszku
- 1/4 C. sos sojowy
- 1/2 łyżeczki mielonej czerwonej papryki
- 1 kreska cynamon
- 2 łyżeczki cukru

Wskazówki

a) Umieść dużą patelnię na średnim ogniu. Podgrzej w nim odrobinę oleju. Dodaj wołowinę i gotuj przez 8 minut. Odłóż to na bok.

b) Umieść duży rondel na średnim ogniu. Podgrzej w nim 5 C. wody, aż zacznie wrzeć. Gotuj w nim makaron przez 3 do 4 minut.

c) Wyjmij makaron z wody i wymieszaj go na patelni z wołowiną.

d) Dodaj wodę, kukurydzę, groszek, sos sojowy, czerwoną paprykę, cynamon, cukier i półtorej saszetki przypraw. Wrzuć je do płaszcza.

e) Gotuj przez 6 minut, często mieszając. Podawaj swój ramen Patelnia na gorąco.

32. Makaron kimczi

Porcje: 2

Składniki

- 1 1/2 C. kimchee
- 1 opakowanie (3 uncje) makaronu błyskawicznego ramen o orientalnym smaku
- 1 opakowanie (12 uncji) Spam w kostkach
- 2 łyżki oleju roślinnego

Wskazówki

a) Makaron ugotuj zgodnie z instrukcją na opakowaniu. Umieść patelnię na średnim ogniu. Podgrzej w nim olej. Smaż w nim kawałki spamu przez 3 minuty.

b) Po odcedzeniu dodaj makaron i gotuj przez dodatkowe 3 minuty.

c) Dodaj kimchee i gotuj przez 2 minuty. podawaj makaron na ciepło.

33. Pieczony makaron miso

Porcje: 2

Składniki

- 4 duże jajka ugotowane na twardo
- 1 łyżka masła niesolonego
- 1 st. kukurydza
- 1 łyżka oliwy z oliwek
- 8 uncji świeży szpinak
- 1 kwarta bulionu z kurczaka
- 1 łyżeczka czerwonego miso
- 6 oz. makaron ramen
- 6 oz. Gotowany kurczak
- 4 zielone cebule, pokrojone w cienkie plasterki
- 1 łyżeczka prażonego oleju sezamowego do spryskiwania

Wskazówki

a) Umieść mały rondel na średnim ogniu. Rozpuść w nim masło. Dodaj kukurydzę ze szczyptą soli i pieprzu, a następnie podgrzej. Odłóż to na bok.

b) Umieść dużą patelnię na średnim ogniu. Podgrzej w nim olej. Dodaj do tego szpinak i gotuj przez 2 minuty. Odłóż to na bok.

c) Umieść duży rondel na średnim ogniu. Podgrzej w nim wywar z kurczaka, aż zacznie się gotować. Dodaj do tego pastę miso i dobrze wymieszaj.

d) Dodaj makaron i gotuj przez 3 minuty. Włóż makaron do miseczek.

e) Dodaj kukurydzę, szpinak i kurczaka. Udekoruj zieloną cebulką, olejem sezamowym i jajkami. Podawaj je na gorąco. Cieszyć się.

34. Tropikalne curry ramen

Porcje: 4

Składniki

- 2 opakowania (3 uncje) makaronu ramen
- 1 łyżka oleju roślinnego
- 1 łyżeczka pokruszonych płatków czerwonej papryki
- 2 ząbki czosnku, posiekane
- 1 C. szatkowana kapusta
- 1 st. pokrojone w cienkie plasterki pieczarki mieszane
- 1 C. posiekany brokuł
- 1 łyżka masła orzechowego
- 1 łyżka sosu sojowego
- 1 łyżka brązowego cukru
- 1 st. mleko kokosowe
- 1 łyżeczka curry w proszku
- 1 łyżeczka sambal oelek

- 1 limonka, sok z
- 1/2 łyżeczki soli
- 1 łyżka pokruszonych orzeszków ziemnych
- 1/4 C. posiekanej kolendry
- plasterek limonki

Wskazówki

a) Makaron przygotować zgodnie z instrukcją na opakowaniu bez saszetek przyprawowych. Odcedź makaron i zarezerwuj płyn do gotowania.

b) Umieść dużą patelnię na średnim ogniu. Podgrzej w nim olej. Smaż w nim czosnek z czerwoną papryką przez 40 sekund.

c) Dodać kapustę, grzyby i brokuły. Dodaj warzywa i gotuj przez 6 minut. Wymieszaj makaron na patelni i odłóż na bok.

d) Umieść kolejną patelnię na średnim ogniu. Wymieszaj masło orzechowe, sos sojowy, brązowy cukier, mleko kokosowe, curry, oelek sambal i sól. Gotuj je, aż zaczną się gotować.

e) Dodaj ugotowany makaron i warzywa i wymieszaj, aby się pokryły. Dodaj 1/4 C płynu do gotowania. Gotuj je, aż zgęstnieją. Odstawiamy patelnię na ramen na 6 minut.

f) Nałóż na patelnię do ramenu kolendrę i orzeszki ziemne, a następnie podawaj na gorąco. Cieszyć się.

35. Gorący strzał z ramen

Porcje: 2

Składniki

- 1 1/2 C. woda
- 1 mała żółta cebula, drobno pokrojona
- 1 żebro z selera, pokrojone w drobną kostkę
- 6 młodych marchewek, julienne
- 1 opakowanie (3 uncje) makaronu ramen, połamane
- 1 (5 1/2 uncji) puszki sardynek w sosie pomidorowym
- 2-3 krople ostrego sosu

Wskazówki

a) Umieść duży rondel z wodą na średnim ogniu. Wymieszaj w nim wodę, cebulę, seler i marchew. Gotuj je przez 12 minut. Dodaj makaron i gotuj przez 3-4 minuty.

b) W rondelku wymieszać sardynki z pomidorem i ostrym sosem. Podawaj na gorąco z ulubionymi dodatkami.

36. Kolacja Ramen

Porcje: 1

Składniki

- 1 (6 uncji) puszki tuńczyka w oleju roślinnym

- 1 (3 uncje) paczki makaronu ramen, dowolny smak

- 1/2 C. mrożone warzywa mieszane

Wskazówki

a) Umieść dużą patelnię na średnim ogniu. Podgrzej w nim odrobinę oleju.

b) Gotuj w nim tuńczyka przez 2-3 minuty.

c) Makaron ramen przygotuj zgodnie z instrukcją na opakowaniu z warzywami.

d) Wyjmij makaron i warzywa z wody i przełóż je na patelnię. Wmieszaj w nie saszetkę przyprawową i gotuj przez 2-3 minuty.

e) Podawaj ciepłego tuńczyka ramen.

37. Słodki i pikantny ramen z mieszanym smażeniem

Porcje: 4

Składniki

- 1 opakowanie (14 uncji) bardzo twarde tofu, pokrojone w kostkę
- 8 łyżeczek sosu sojowego
- 2 łyżki oleju roślinnego
- 8 uncji grzyby shiitake, pokrojone w cienkie plasterki
- 2 łyżeczki azjatyckiego sosu chili
- 3 ząbki czosnku, posiekane
- 1 łyżka startego świeżego imbiru
- 3 1/2 C. bulion z kurczaka o niskiej zawartości sodu
- 4 opakowania (3 uncje) makaronu ramen, pakiety wyrzucone
- 3 łyżki octu jabłkowego
- 2 łyżeczki cukru

- 1 (6 uncji) torebki Baby Szpinak

Wskazówki

a) Użyj ręczników papierowych, aby osuszyć tofu.

b) Zdobądź miskę: Wymieszaj tofu z 2 łyżeczkami sosu sojowego.

c) Umieść dużą patelnię na średnim ogniu. Podgrzej w nim 1 łyżkę oleju. Smaż tofu przez 2-3 minuty z każdej strony, odcedź i odłóż na bok.

d) Podgrzej resztę oleju na tej samej patelni. Smaż w nim grzyby przez 5 minut. Dodaj sos chili, czosnek i imbir. Gotuj przez 40 sekund.

e) Zmiażdż ramen na kawałki. Wymieszaj na patelni z bulionem i gotuj przez 3 minuty lub do momentu, gdy ramen będzie gotowy.

f) Dodaj 2 łyżki sosu sojowego, ocet i cukier. Dodaj szpinak i gotuj przez 2 do 3 minut, aż się zmiękną.

g) Włóż tofu do makaronu i podawaj na ciepło.

38. tuńczyk parmezanowy ramen

Porcje: 1

Składniki

- 1 opakowanie (3 uncje) makaronu ramen o smaku kurczaka
- 1 1/2 C. woda
- 1 (6 uncji) tuńczyka w puszce
- 1-3 łyżki parmezanu
- 1 łyżka masła
- płatki pietruszki
- czarny pieprz

Wskazówki

a) Zdobądź dużą miskę do serwowania: wlej do niej wodę.

b) Makaron zmiażdżyć i dodać do wody wraz z saszetką przyprawową.

c) Umieść w kuchence mikrofalowej i gotuj przez 5 minut.

d) Dodać tuńczyka, parmezan, masło, pieprz. Podawaj na gorąco.

e) Cieszyć się.

39. Patelnia do steków ramen

Porcje: 4

Składniki

- 1 funt stek wołowy, pokrojony w paski
- 2 ząbki czosnku, posiekane
- 1 łyżka lekkiego oleju sezamowego
- 1/4 łyżeczki mielonej czerwonej papryki
- 1 opakowanie (3 uncje) makaronu ramen
- 1 (1 funt) paczka brokułów, marchwi i kasztanów wodnych
- 1 łyżeczka lekkiego oleju sezamowego
- 1 (4 1/2 oz.) słoiki z grzybami, odsączone
- 1 łyżka sosu sojowego

Wskazówki

a) Weź miskę: wymieszaj w niej paski wołowiny, czosnek, jedną łyżkę oleju sezamowego i zmieloną czerwoną paprykę.

b) Umieść garnek na średnim ogniu. Gotuj w niej 2 C wody, aż zacznie wrzeć. Zmiażdżyć makaron na 3 porcje.

c) Wymieszaj w garnku z warzywami i gotuj, aż zaczną się gotować. Zmniejsz ogień i gotuj je przez dodatkowe 3 minuty.

d) Wlej mieszankę do durszlaka, aby usunąć wodę. Włóż mieszankę makaronu i warzyw z powrotem do garnka.

e) Dodaj pakiet przypraw i dobrze wymieszaj.

f) Umieść dużą patelnię na średnim ogniu. Podgrzej w nim 1 łyżeczkę oleju sezamowego.

g) Smaż w nim plastry wołowiny przez 4 do 5 minut lub do czasu, aż się skończą.

h) Na patelni wymieszaj ramen i warzywa z pieczarkami i sosem sojowym. Gotuj je przez dodatkowe 3 minuty. Podawaj na patelni na ciepło.

40. Miski Teriyaki do ramen

Porcje: 6

Składniki

- 1 1/2 funta filetów z łososia, obranej ze skórki soli i czarnego pieprzu
- 5 łyżek marynaty teriyaki
- olej roślinny do nacierania
- 2 łyżki octu z czerwonego wina
- 1/4 C. słodki sos chili
- 6 łyżek azjatyckiego sosu rybnego
- 3 łyżki świeżego imbiru, startego
- 1 funt makaronu soba
- 1 łyżka granulatu bulionowego instant
- 1/2 C. szalotka, pokrojona w cienkie plasterki
- 1 1/2 C. Szpinak
- 1 łyżka prażonych ziaren sezamu

Wskazówki

a) Filety z łososia posyp solą i pieprzem.

b) Zdobądź dużą torbę z zamkiem błyskawicznym: połącz w niej filety z łososia z marynatą teriyaki. Uszczelnij torbę i potrząśnij nią, aby pokryć. Aby zrobić sos chili:

c) Zdobądź małą miskę: wymieszaj w niej ocet, sos chili, sos rybny i imbir. Odłóż to na bok.

d) Makaron przygotować zgodnie z instrukcją na opakowaniu bez opakowania przyprawowego.

e) Wyjmij filety z łososia z marynaty i posmaruj je odrobiną oleju.

f) Umieść duży rondel na średnim ogniu i podgrzej go. Gotuj w nim filet z łososia przez 3-4 minuty z każdej strony.

g) Dodaj połowę marynaty z łososia na patelnię i posmaruj nią.

h) Odłóż je na bok, aby usiąść na 6 minut.

i) Łososia pokroić na kawałki, a następnie dodać do niego szpinak ze szczyptą soli i pieprzu. Gotuj je przez 2 do 3 minut.

j) Umieść duży rondel na średnim ogniu. Gotuj w niej 6 st. C. wody, aż się zagotują. Dodaj do niej bulion w proszku i kawałki białej szalotki.

k) Zmniejsz ogień i odstaw garnek na bok, aby zrobić bulion.

l) Makaron odcedzić i przełożyć do miseczek. Polać gorącym bulionem, a następnie polać filetami z łososia. Cieszyć się.

41. Chili kokosowy ramen

Porcje: 1

Składniki

- 1 opakowanie (3 uncje) makaronu ramen
- 2 łyżki masła orzechowego
- 1 łyżeczka sosu sojowego o niskiej zawartości sodu
- 1 1/2 łyżeczki sosu chili-czosnkowego
- 2-3 łyżki gorącej wody
- 2 łyżki posłodzonych płatków kokosowych

Garnirunek

- różyczka brokułów
- orzeszki ziemne
- starta marchewka

Wskazówki

a) Przygotować makaron zgodnie z instrukcją na opakowaniu, wyrzucając jednocześnie opakowanie przypraw.

b) Weź dużą miskę: ubij w niej masło orzechowe, połowę opakowania przypraw, sos sojowy, sos chili-czosnkowy, 2-3 łyżki gorącej wody, aż staną się gładkie.

c) Dodaj makaron do miski i wrzuć, aby pokryły. Podawaj makaron.

d) Cieszyć się.

42. Ramen z fasolką szparagową w mieszance

Porcje: 6

Składniki

- 1 1/2 funta świeżej zielonej fasoli
- 2 opakowania (3 uncje) makaronu ramen
- 1/2 C. olej roślinny
- 1/3 C. prażony migdał
- sól, w razie potrzeby
- czarny pieprz, w razie potrzeby

Wskazówki

a) Przytnij zieloną fasolkę i pokrój ją na kawałki o długości od 3 do 4 cali. Umieść zieloną fasolkę w parowarze i gotuj, aż zmiękną.

b) Zdobądź dużą patelnię. Wymieszaj w nim olej z 1 saszetką przypraw.

c) Zmiażdż 1 paczkę makaronu i wymieszaj na patelni. Dodaj ugotowaną na parze zieloną fasolkę i gotuj przez 3-4 minuty.

d) Dostosuj przyprawę swojego stir fry, a następnie podawaj na ciepło.

e) Cieszyć się.

43. szoju ramen

Porcje: 2

Składniki

- 2 piersi z kurczaka bez kości bez skóry
- 2 łyżki oleju sezamowego
- 3 łyżki shoyu
- 1 łyżka octu ryżowego
- 1 ząbek czosnku, posiekany
- 2 łyżeczki miodu
- 2 opakowania (3 uncje) makaronu ramen
- 1/3 C. shoyu
- 1/3 C. ocet ryżowy, niesezonowany
- 2 łyżeczki mielonego imbiru
- 2 łyżki miodu
- 1 sztuka konbu
- 1 C. mrożone brokuły

Wskazówki

a) Pokrój piersi z kurczaka na kawałki wielkości kęsa.

b) Umieść dużą patelnię na średnim ogniu. Podgrzej 3 łyżki oleju sezamowego z 3 łyżkami shoyu, 1 łyżką octu, 1 ząbkiem czosnku i 2 łyżeczkami miodu. Mieszaj je, aż się podgrzeją.

c) Wymieszaj kurczaka na patelnię. Gotuj przez 6 do 8 minut lub do końca. Umieść duży rondel na średnim ogniu. Wymieszaj pozostałe shoyu, ocet, imbir i miód. Wymieszaj wystarczającą ilość wody, aby mogła przykryć makaron.

d) Podgrzej je jednak, aż miód się rozpuści. Dodaj warzywa z konbu i zagotuj.

e) Gdy czas się skończy, wyrzuć konbu i wymieszaj makaron. Gotuj je przez 4 minuty. Przełóż ramen do misek. Posyp słodkim kurczakiem i podawaj na ciepło.

44. Ramen z brokułami i ostrygami

Porcje: 4

Składniki

- 1 funt steku z polędwicy wołowej bez kości
- 1 łyżka sosu sojowego
- 1 łyżka soku jabłkowego
- 2 łyżeczki mąki kukurydzianej
- 2 opakowania (3 uncje) makaronu ramen o smaku wołowiny
- 4 C. wrzącej wody
- 2 łyżki oliwy z oliwek
- 1 cebula, posiekana
- 3 C. mrożone różyczki brokułów, rozmrożone i odsączone
- 3 łyżki sosu ostrygowego
- 1 łyżka mąki kukurydzianej

Wskazówki

a) Umieść stek w zamrażarce, aż zostanie częściowo zamrożony, a następnie pokrój go w cienkie plasterki.

b) Zdobądź dużą miskę: wymieszaj w niej sos sojowy, sok jabłkowy i 2 łyżeczki mąki kukurydzianej. Wymieszaj wołowinę z mieszanką.

c) Zdobądź dużą miskę do mieszania: Zmiażdż makaron na kawałki, wymieszaj z 1 opakowaniem przypraw.

d) Do miski wlać 4 C wody i zamieszać. Przykryj miskę i odłóż ją na bok.

e) Umieść dużą patelnię na dużym ogniu. Podgrzej w nim olej. Podsmażaj w niej wołowinę przez 3 minuty. Dodaj brokuły i gotuj przez 4 minuty.

f) Włóż wołowinę na patelnię i gotuj przez 8 do 12 minut. Weź małą miskę: wymieszaj w niej 1 stopień płynu do namaczania ramenu, sos ostrygowy i 1 łyżkę mąki kukurydzianej.

g) Wyjmij makaron z wody i wymieszaj go na patelni z mieszanką ostryg. Gotuj je, aż patelnia do ramenu zgęstnieje.

45. Chrupiący japoński ramen

Porcje: 2

Składniki

- 1 opakowanie makaronu ramen
- 2 C. cienko pokrojona kapusta
- 1 C. cebula pokrojona w cienkie plasterki
- 2 łyżki oleju jadalnego, podzielone
- 1 łyżeczka imbiru w proszku
- 1 łyżeczka oleju sezamowego
- sos sojowy

Wskazówki

a) Makaron ramen ugotować zgodnie z instrukcją na opakowaniu. Opróżnij to

b) Umieść dużą patelnię na średnim ogniu. Podgrzej w nim 1 łyżkę oleju. Smaż w niej cebulę z kapustą przez 4 do 6 minut.

c) Dodaj makaron z pozostałym olejem. Gotuj przez 2 minuty. Wmieszać

d) pozostałe składniki. Gotuj przez 2 minuty. Podawaj makaron

e) Cieszyć się.

46. Ramen toskania

Porcje: 4

Składniki

- 1/4 C. oliwa z oliwek
- 3 opakowania (3 uncje) makaronu ramen, opakowanie usunięte
- 1/2 czerwonej papryki, pokrojonej w plastry
- 1/4 czerwonej cebuli, pokrojonej w plastry
- 1 mała marchewka, pokrojona w cienkie plasterki
- 3 różyczki C. brokuła
- 2 łyżeczki mielonego czosnku
- 1 łyżeczka bazylii
- 4 jajka, ubite
- Mieszanka przypraw
- 1/2 C. parmezan, starty

- 1/2 C. pół i pół śmietany

- 1 łyżka oregano

- 1/2 łyżeczki soli koszernej

- 3/4 łyżeczki papryki

- 1/4 łyżeczki suszonej musztardy

- 3/4 łyżeczki mielonego kopru włoskiego

- 3/4 łyżeczki granulowanego czosnku

- 3/4 łyżeczki cebuli granulowanej

- 1/4 łyżeczki pieprzu cayenne

- 1 szczypta cukru

Wskazówki

a) Zanim cokolwiek zrobisz, rozgrzej piekarnik do 400 F.

b) Weź dużą miskę do mieszania: Wymieszaj w niej mieszankę przypraw z 1/4 C. oliwy z oliwek. Do masy wrzuć czerwoną paprykę, czerwoną cebulę i różyczki brokułów.

c) Wymieszaj 1 łyżeczkę mielonego czosnku i bazylii.

d) Wlej mieszankę warzywną na wysmarowaną tłuszczem blachę do pieczenia. Gotuj w piekarniku przez 22 minuty.

e) Podgrzej 4 litry wody w dużym garnku na średnim ogniu. Gotuj w nim makaron ramen przez 3-4 minuty. Wyjmij makaron z wody.

f) Zdobądź dużą miskę: wymieszaj w niej ubite jajko, zmielony czosnek, starty parmezan. Dodaj makaron i obtocz go, posmaruj szczyptą soli i pieprzu.

g) Posmaruj naczynie żaroodporne masłem. Wlej mieszankę z makaronem i rozprowadź na patelni, aby uzyskać skórkę. Rozłóż upieczone warzywa na skórce ramenu.

h) Weź małą miskę: wymieszaj w niej 3 jajka, pozostałe 1/4 C. parmezanu i 1/2 C. pół i pół śmietany. Dobrze je wymieszaj. Skrop mieszanką wszystkie warzywa.

Przykryj ciasto kawałkiem folii. Gotuj w piekarniku przez 22 minuty.

i) Po upływie czasu wyrzuć folię. Posyp pozostałym serem na wierzchu i gotuj ciasto przez dodatkowe 12 minut. Podawaj na ciepło.

j) Cieszyć się.

47. Ramen Seul

Porcje: 2

Składniki

- 1 średni ziemniak
- 1 opakowanie makaronu ramen
- 1 zielona cebula, pokrojona w plastry (opcjonalnie)
- 1 duże jajko, ubite

Wskazówki

a) Wyrzuć skórkę z ziemniaków i pokrój w drobną kostkę.

b) Przygotować makaron zgodnie z instrukcją na opakowaniu, dodając do niego ziemniaka i dolewając 1/4 potrzebnej do garnka wody.

c) Wymieszaj opakowanie przypraw i gotuj je na ziemniaki, aż staną się miękkie.

d) Połącz zieloną cebulę w garnku i gotuj, aż ramen będzie gotowy. Dodaj jajka do zupy cały czas mieszając, aż się ugotują.

e) Podawaj zupę na gorąco.

f) Cieszyć się.

48. Zapiekanka z chili ramen

Porcje: 4

Składniki

- 3 opakowania makaronu ramen
- 2 puszki (15 uncji) chili z fasolą
- 1 (15 uncji) puszki pokrojonych w kostkę pomidorów
- 4-8 uncji tarty ser

Wskazówki

a) Wlej 6 st. C. wody na 3 litrową blachę do pieczenia. Załóż pokrywkę i wstaw ją do kuchenki mikrofalowej na 3 do 4 minut, aby się zagrzała.

b) Użyj patelni, aby lekko zmiażdżyć ramen. Wymieszaj makaron z gorącą wodą lub w rondelku.

c) Załóż pokrywkę i gotuj w kuchence mikrofalowej przez 2 minuty. Wymieszaj makaron i gotuj przez dodatkowe 2 minuty.

d) Wylej nadmiar wody z zapiekanki, pozostawiając w niej makaron.

e) Dodaj pomidory z chili i dobrze wymieszaj.

f) Gotuj je w mikrofalówce na wysokim poziomie przez dodatkowe 5 minut. Zapiekankę z ramenem posyp posiekanym serem.

g) Załóż pokrywkę i pozostaw na kilka minut, aż ser się rozpuści.

h) Podawaj zapiekankę na ciepło.

i) Cieszyć się.

49. Słodka patelnia do ramenu

Porcje: 6

Składniki

- 1 C. papryka, posiekana
- 1/2 łyżeczki imbiru
- 4 całe zielone cebule, pokrojone w cienkie plasterki
- 1 puszka (20 uncji) ananasa, bez odsączenia
- 1 funt piersi z kurczaka bez kości
- olej
- 2 opakowania (3 uncje) makaronu ramen o smaku kurczaka 1/2 C. sos słodko-kwaśny

Wskazówki

a) Wlej sok ananasowy do miarki C. Wymieszaj w nim tyle wody, aby w sumie powstał płyn o temperaturze 2 C.

b) Pokrój pierś z kurczaka w 1-calową kostkę. Posyp je imbirem, szczyptą soli i pieprzu.

c) Umieść dużą patelnię na średnim ogniu. Podgrzej w nim odrobinę oleju. Wymieszać z przyprawami do ramenu i gotować przez 30 sekund.

d) Wymieszać płynną mieszankę ananasa na patelnię z makaronem po pokrojeniu na kawałki.

e) Gotuj mieszankę, aż zacznie się gotować. Zmniejsz ogień i gotuj przez 4 minuty.

f) Gdy czas się skończy, na patelnię wymieszać sos słodko-kwaśny, paprykę, cebulę i ananasa. Gotuj przez 4 do 6 minut, aż warzywa będą gotowe.

g) Podawaj swoją słodką patelnię do ramenu na ciepło.

h) Cieszyć się.

50. francuski ramen pan

Porcje: 1

Składniki

- 2 opakowania (3 uncje) makaronu ramen, dowolny smak
- 2 łyżki kwaśnej śmietany
- 1 (10 1/2 uncji) puszki kremu zupy grzybowej
- 1/2 C. woda
- 1/2 C. mleko
- 1/4 C. cebula posiekana
- 1/4 C. Francuska cebula smażona
- 1/2 funta mielonej wołowiny

Wskazówki

a) Zanim cokolwiek zrobisz, rozgrzej piekarnik do 375 F.

b) Weź miskę do mieszania: wymieszaj w niej zapiekany makaron, 1 paczkę przypraw, śmietanę, wodę do zupy (nierozcieńczoną), mleko i cebulę. Umieść dużą patelnię na średnim ogniu.

c) Gotuj w nim wołowinę przez 8 minut. Odcedź i dodaj do mieszanki makaronowej. Wymieszaj je, aby pokryły.

d) Wlej mieszankę do wysmarowanej patelni. Gotuj w piekarniku przez 22 minuty. Nałóż na patelnię do makaronu smażoną cebulę i smaż przez dodatkowe 12 minut w piekarniku.

e) Posyp serem i podawaj na ciepło.

f) Cieszyć się.

51. Patelnia z makaronem Mung bang

Porcje: 1

Składniki

- 1 funt chudej mielonej wołowiny, gotowanej
- 6 plasterków boczku z indyka, posiekanych
- 2 opakowania (3 uncje) makaronu ramen
- 3 ząbki czosnku, posiekane
- 1 średnia czerwona cebula, pokrojona w kostkę
- 1 średnia kapusta, posiekana
- 3 marchewki, pokrojone w cienkie 1-calowe paski
- 1 czerwona papryka, pokrojona na kawałki wielkości kęsa
- 2-4 łyżki jasnego sosu sojowego
- 3 C. kiełki fasoli
- lekki sos sojowy do smaku

- pokruszone płatki czerwonej papryki

Wskazówki

a) Umieść dużą patelnię na średnim ogniu.

b) Smaż w nim boczek, aż stanie się chrupiący. Odcedź i odłóż na bok. Trzymaj na patelni około 2 łyżki tłuszczu z boczku.

c) Smaż w nim czosnek z cebulą przez 4 minuty. Dodaj 2 łyżki sosu sojowego i marchewki.

d) Gotuj przez 3 minuty. Dodaj paprykę z kapustą i gotuj przez dodatkowe 7 minut.

e) Makaron ugotować zgodnie z zaleceniami producenta. Odcedź i wymieszaj z odrobiną oliwy z oliwek.

f) Wymieszaj wołowinę, bekon i pokruszone płatki czerwonej papryki na patelni z gotowanymi warzywami. Gotuj przez 4 minuty, często mieszając.

g) Gdy czas się skończy, wymieszaj kiełki fasoli i makaron ramen z mieszanką warzyw. Gotuj przez dodatkowe 3 minuty, cały czas mieszając.

h) Podawaj na patelni z makaronem na ciepło z ostrym sosem.

i) Cieszyć się.

52. Smażony Ramen z Kurczaka

Porcje: 4

Składniki

- 4 łyżki sosu sojowego
- 1 łyżka mąki kukurydzianej
- 1 szklanka bulionu z kurczaka
- 1 łyżka octu
- 2 łyżki brązowego cukru
- 3 ząbki czosnku, posiekane
- 6-8 uncji makaronu ramen
- 2 łyżki oleju do gotowania
- ½ funta posiekanej piersi z kurczaka
- 1-funtowy brokuł, różyczki
- 2-3 zielone cebule, posiekane
- 2 łyżki sezamu

Wskazówki:

1. W misce wymieszaj sos sojowy ze skrobią kukurydzianą, aż stanie się wolny od grudek.

2. Dodaj bulion drobiowy, ocet, czosnek i brązowy cukier, dobrze wymieszaj.

3. Dodaj makaron do dużego pojemnika, zalej go gorącą wodą i odstaw, aż zmiękną.

4. W międzyczasie posyp kurczaka solą i pieprzem.

5. Podgrzej wok na średnim ogniu. Dodaj 1 łyżkę oleju jadalnego i smaż kurczaka, aż się ugotuje. Po zakończeniu odłóż na bok.

6. Zwróć wok ponownie na ciepło; dodaj trochę oleju i brokułów. Gotuj, aż stanie się miękki.

7. Dodaj mieszankę sosu i wymieszaj, aby połączyć. Gotuj przez 1-2 minuty.

8. Teraz odsącz makaron i włóż go do woka.

9. Dodaj dobrze ugotowaną mieszankę z kurczaka.

10. Przełożyć do naczynia do serwowania i posypać zieloną cebulką i sezamem.

11. Podawaj i ciesz się.

53. Popcorn z Kurczaka

Porcje: 2

Składniki

- ½ funta kurczaka, bez kości, pokrojonego w nadające się do gryzienia kawałki
- 1 jajko
- 1 ½ łyżki miso
- 3 łyżki mąki kukurydzianej
- 1-2 szklanki pokruszonego ramenu
- olej do smażenia

Sos Teriyaki:

- 1 szklanka sosu sojowego
- 1 szklanka mirinu
- 2 łyżki octu
- 4 łyżki cukru
- 2 łyżki mąki kukurydzianej
- 3 łyżki wody

- Daikon, rozdrobnione

- Rozdrobnione nori

- Cebula zielona, pokrojona

Wskazówki:

1. W misce dodaj kurczaka, jajko i miso, dobrze wymieszaj.

2. Dodaj trochę mąki kukurydzianej i wymieszaj, aby połączyć.

3. Dodaj ramen. Dokładnie wymieszać i odstawić na 5-10 minut.

4. Rozgrzej trochę oleju na głębokiej patelni i dodaj kawałki kurczaka.

5. Smaż na średnim ogniu, aż będą ładnie złociste i chrupiące ze wszystkich stron.

6. Po zakończeniu umieść je na ręczniku papierowym.

7. Do przygotowania sosu należy wziąć miskę i dodać wszystkie składniki (oprócz mąki kukurydzianej i wody) i gotować na średnim ogniu.

8. Rozpuść mąkę kukurydzianą w wodzie i dodaj ją do sosu, ciągle mieszając, aż zgęstnieje.

9. Zdejmij z ognia i podawaj z kurczakiem.

10. Udekoruj nori i posiekaną zieloną cebulką.

54. Zapiekanka z Kurczaka i Brokułów

Porcje: 8

Składniki

- 2-3 opakowania makaronu ramen
- 1 pojemnik serka śmietankowego
- 5 filiżanek mleka
- 3 szklanki kurczaka z rożna, posiekanego, bez kości
- pół funta brokułów, różyczki
- 3 szklanki sera cheddar, posiekany ser

Wskazówki:

1. Rozgrzej piekarnik do 400 stopni F.
2. Rozłóż połowę makaronu ramen w kwadratowym pojemniku do pieczenia.
3. W misce wymieszać serek śmietankowy, mleko i pozostały ramen.
4. Skrop tę mieszankę na wierzch ramenu.

5. Rozłóż kurczaka i brokuły na makaronie.

6. Na wierzch posyp serem cheddar.

7. Piecz przez 30-35 minut lub do momentu, gdy makaron będzie dobrze ugotowany.

55. Makaronowe Skrzydełka Z Kurczaka Ramen

Porcje: 2

Składniki

- 1 łyżeczka soli
- ½ szklanki mąki kukurydzianej
- ¼ łyżeczki proszku do pieczenia
- Na mokre ciasto:
- ½ szklanki mąki kukurydzianej
- 1 łyżeczka proszku do pieczenia
- 1 Mąkę o wszechstronnym przeznaczeniu
- 3 łyżeczki soli
- ½ szklanki wody
- 1/4 szklanki sosu sojowego
- 1 opakowanie przypraw do ramen
- 2 opakowania Ramen, pokruszone
- olej do smażenia

Na sos do maczania:

- 2 łyżeczki sriracha
- 3 łyżki octu
- 2 łyżki posiekanej szalotki

Wskazówki:

1. Wymieszaj suche składniki w misce i odłóż na bok.

2. Teraz połącz mokre składniki w innej misce.

3. Rozgrzej trochę oleju na głębokiej patelni i rozłóż papierowy ręcznik na naczyniu.

4. Teraz zawijaj skrzydełka kurczaka jedno po drugim w suchym cieście. Strząsnąć nadmiar mieszanki i zanurzyć w wilgotnym cieście.

5. Smaż skrzydełka przez około 4-5 minut lub aż będą ładnie ugotowane z obu stron.

6. Umieść skrzydełka na ręczniku papierowym.

7. Teraz ponownie zanurz ugotowane skrzydełka w cieście i wrzuć je do pokruszonego ramenu.

8. Smaż ponownie przez 2-3 minuty lub do uzyskania chrupkości.

9. Teraz połącz sriracha, ocet i szalotki w misce.

10. Skrzydełka podawaj z sosem.

56. Makaron Wieprzowy

Porcje: 4

Składniki

- 2 opakowania makaronu ramen
- Sól dla smaku
- ½ funta boczku pokrojonego w plastry
- 3 łyżeczki chińskiej 5 przyprawy
- Pieprz czarny do smaku
- 2 łyżki oleju do gotowania
- 2 łyżeczki oleju sezamowego
- 3 marchewki, obrane, julienned
- 2 szklanki groszku śnieżnego
- 3 ząbki czosnku, posiekane
- 1-calowe plastry imbiru, posiekane
- 4 łyżki sosu sojowego
- 2 łyżki miodu
- sok z 1 cytryny
- 1 łyżeczka mąki kukurydzianej

- 4-5 gałązek mięty, posiekanej
- 1 szklanka szalotki, pokrojonej w plastry

Wskazówki:

1. Do rondla wlać 4 szklanki wody, dodać 1 łyżeczkę soli i zagotować. Dodać makaron i gotować przez 5 minut, odcedzić i odstawić.

2. Wieprzowinę posypać przyprawą Five, 3 łyżeczkami soli i czarnym pieprzem, wymieszać, aż się pokryje.

3. Podgrzej patelnię i dodaj trochę oleju, a następnie dodaj wieprzowinę i smaż przez 4-5 minut, aż będzie ładnie złocista. Zdjąć z ognia i włożyć do miski, odłożyć na bok.

4. Na tej samej patelni rozgrzej olej sezamowy i ugotuj marchewki z groszkiem śnieżnym. Gotuj przez 1 minutę.

5. Teraz dodaj czosnek i imbir. Smaż przez 1-2 minuty, a następnie dodaj trochę

sosu sojowego, miodu i soku z cytryny. Gotuj, aż pojawią się bąbelki. W misce wymieszaj trochę wody z mąką kukurydzianą, dodaj na patelnię i dobrze wymieszaj.

6. Ponownie przełóż wieprzowinę na patelnię i zmniejsz ogień.

7. Dodaj makaron i wymieszaj, aby połączyć. Wyłącz ogrzewanie.

8. Dodaj trochę mięty i cebuli.

57. Gorący Kotlet Wieprzowy Ramen

Porcje: 4

Składniki

- 1-funtowe kotlety wieprzowe
- 4 łyżki chińskiego sosu BBQ
- 3 łyżeczki oleju arachidowego
- 2 szklanki zielonej cebuli, pokrojonej w plastry
- 2-3 ząbki czosnku, posiekane
- 1 łyżeczka mielonego imbiru
- 5 filiżanek wywaru z kurczaka
- 3 łyżki sosu sojowego
- 3 łyżki sosu rybnego
- 2 opakowania makaronu ramen, gotowane
- 5 sztuk bok choy, pokrojone na ćwiartki
- 1 czerwone Chile, pokrojone
- 8 jajek
- Olej do gotowania

Wskazówki:

1. Kotlety schabowe posmarować sosem chińskim BBQ i odstawić na 15-20 minut.

2. W rondelku na średnim ogniu rozgrzać trochę oleju arachidowego i podsmażyć cebulę, czosnek i imbir, smażyć 2-3 minuty.

3. Dodać bulion, czosnek, sos sojowy, 2 szklanki wody, sosy rybne, imbir, czerwone chilli. Gotuj na wolnym ogniu i dodaj bok choy. Gotuj przez 2-3 minuty.

4. Usuń z ognia. Ustaw stronę.

5. Rozgrzej grill na dużym ogniu.

6. Kotlety schabowe spryskać odrobiną oleju spożywczego, położyć na gorącym grillu i smażyć, aż się zrumienią.

7. Odwróć na bok i z drugiej strony na 3-4 minuty, a następnie przełóż je na talerz.

8. Podziel ramen na 4 miski.

9. Umieść kapustę bok choy na makaronie i skrop gorącą zupą.

10. Ułożyć kotlety wieprzowe i udekorować posiekaną cebulą.

11. Udekoruj jajkami i liśćmi kolendry.

58. Wieprzowina Miso i Ramen

Porcje: 6

Składniki

- 2 funty nóżek wieprzowych, pokrojonych w 1-calowe okrągłe kształty

- 2 funty kurczaka bez kości, pokrojonego w paski

- 2 łyżki oleju do gotowania

- 1 cebula, posiekana

- 8-10 ząbków czosnku, posiekanych

- 1-calowy plasterek imbiru, posiekany

- 2 pory, posiekane

- ½ funta szalotki, oddzielona biała i zielona część, posiekana

- 1 szklanka pieczarek, pokrojonych w plastry

- 2 funty posiekanej łopatki wieprzowej

- 1 szklanka pasty miso

- ¼ szklanki shoyu
- ½ łyżki mirin
- Sól dla smaku

Wskazówki:

1. Przełóż wieprzowinę i kurczaka do garnka i dodaj dużą ilość wody, aż przykryjesz. Połóż na palniku na dużym ogniu i zagotuj. Po zakończeniu zdjąć z ognia.

2. Rozgrzej trochę oleju jadalnego w żeliwie na dużym ogniu i smaż cebulę, czosnek i imbir przez około 15 minut lub do zrumienienia. Odłożyć na bok.

3. Ugotowane kości przełożyć do garnka z warzywami, łopatką wieprzową, porem, białkiem szalotki, pieczarkami. Uzupełnij zimną wodą. Gotuj na dużym ogniu przez 20 minut. Zmniejsz ogień i gotuj na wolnym ogniu i przykryj pokrywką przez 3 godziny.

4. Teraz usuń ramię łopatką. I umieść go w pojemniku i wstaw do lodówki. Nałóż

pokrywkę z powrotem na garnek i gotuj ponownie przez 6 do 8 godzin.

5. Odcedź bulion i usuń ciała stałe. Ubij miso, 3 łyżki shoyu i trochę soli.

6. Pokrój wieprzowinę i wrzuć ją z shoyu i mirin. Sezon z solą.

7. Na makaron nałóż trochę bulionu i posyp przypalonym czosnkiem-sezamem-chili.

8. Umieść wieprzowinę w miskach.

9. Udekoruj jajkami i innym pożądanym produktem.

10. Cieszyć się.

59. Wieprzowina o Smaku Chili i Ramen

Porcje: 4

Składniki

- 1-funtowy filet wieprzowy, pokrojony
- 3 łyżki sosu chilli,
- 4 ząbki czosnku, posiekane
- 1 łyżka startego imbiru
- 3 łyżeczki oleju sezamowego
- 2 opakowania makaronu ramen, gotowane
- 2 łyżki oleju
- 5 filiżanek wywaru z kurczaka
- 2 łyżeczki sosu sojowego
- 2 szklanki posiekanej kapusty
- 2 zielone cebule, pokrojone w plastry

Wskazówki:

1. Weź miskę i dodaj połączoną wieprzowinę, czosnek, imbir, sos chilli i olej sezamowy. Odstaw na 30 minut.

2. W woku rozgrzać olej i smażyć wieprzowinę przez 2-3 minuty, aż się zrumieni. Zdjąć z ognia i odstawić.

3. Dodaj trochę bulionu do garnka i gotuj przez 1-2 minuty. Dopraw sosem sojowym.

4. Weź 4 filiżanki i dodaj kapustę i makaron.

5. Dodaj gorącą zupę, plastry wieprzowiny i cebulę.

6. Na wierzchu skrop sosem chilli.

7. Cieszyć się.

60. Pieczona Wieprzowina Ramen

Porcje: 4

Składniki

- 2 opakowania makaronu jajecznego, gotowane
- 3 łyżki oleju sezamowego
- 4 łyżki sosu sojowego
- 2 łyżki sosu ostrygowego
- 2 łyżki wina ryżowego
- 2 łyżeczki miodu
- 1 łyżka oleju roślinnego
- 1 łyżeczka mielonego czosnku
- 1 łyżeczka mielonego imbiru
- 2 szalotki, pokrojone na małe kawałki
- 5 grzybów shiitake, pokrojonych w plastry
- 1-funtowa wieprzowina, pokrojona w kawałki wielkości kęsa

Wskazówki:

1. Do dużego garnka wlej olej sezamowy i wrzuć ugotowany makaron do połączenia i odłóż na bok.

2. W misce wymieszaj trochę miodu, sosu sojowego, sosu ostrygowego i wina ryżowego. Odłóż na bok.

3. Rozgrzej woka na średnim ogniu i dodaj trochę oleju arachidowego z czosnkiem, szalotką i imbirem, smaż przez 30 sekund.

4. Dodaj pieczarki i gotuj przez 1-2 minuty.

5. Dodaj makaron z wieprzowiną. Dodaj mieszankę sosu i dobrze wymieszaj, aby połączyć.

6. Przełóż do naczynia do serwowania i podawaj.

61. Ramen Sezamowy o Smaku Imbiru

Porcje: 8

Składniki

- 3 opakowania Ramen, z przyprawami
- 2,5 kg wołowiny, pokrojonej na małe kawałki
- 8 filiżanek bulionu z kurczaka lub bulionu warzywnego
- 2 cebule, pokrojone w plastry
- 10-12 ząbków czosnku
- ¼ łyżeczki chili w proszku z kurkumy
- 1 łyżeczka chili w proszku
- 2 zielone chili
- 1 łyżeczka soli
- 2 szklanki brokułów, różyczki
- 4 łyżki masła
- ¼ szklanki nasion sezamu
- 1 łyżka pasty imbirowej

Wskazówki:

1. Dodaj wołowinę, imbir, sezam, rosół z kurczaka, sól, chili w proszku, zielone chili, kurkumę w proszku, przyprawy do makaronu, cebulę i czosnek do wolniejszej kuchenki, dobrze wymieszaj.

2. Gotuj przez 5 godzin na małym ogniu.

3. Teraz dodaj brokuły i makaron, dobrze wymieszaj. Gotuj ponownie przez 1 godzinę.

4. Cieszyć się.

62. Stek Wołowy Veggie Ramen

Porcje: 4

Składniki

- 1-funtowy stek wołowy, pokrojony w cienkie plasterki
- 3 łyżki oleju do gotowania
- 1 średnia czerwona cebula, pokrojona w plastry
- 2 łyżeczki startego imbiru
- 2 marchewki, obrane, pokrojone w słupki
- 6-7 młodych kukurydzy, połówki
- ½ funta cukierków cukrowych
- 2 szklanki pieczarek, pokrojonych w plastry
- 2 szklanki brokułów, pokrojonych na długie kawałki
- 2 opakowania makaronu soba,
- ½ szklanki sosu ostrygowego

- 3 łyżki sosu sojowego

- 1 szklanka bulionu wołowego lub wody

- Liście kolendry, do podania

- Chili w plastrach, do podania

Wskazówki:

1. W woku rozgrzać 1 łyżkę oleju jadalnego i smażyć wołowinę (partiami) do zrumienienia, odstawić.

2. Do tego samego woka wlej trochę oleju jadalnego i dodaj cebulę z imbirem, smaż przez 1-2 minuty.

3. Dodaj marchewkę i gotuj przez 1 minutę.

4. Dodać kukurydzę, pieczarki, brokuły i kruszki cukrowe, pieczarki i smażyć przez 1 minutę.

5. Dodaj makaron i wymieszaj, gotuj przez 1-2 minuty.

6. Ponownie włóż wołowinę do woka ze wszystkimi sosami i bulionem, wymieszaj, aby połączyć.

7. Top z kolendrą i zielonymi papryczkami chili.

8. Cieszyć się.

63. Ramen z brokułami i wołowiną

Porcje: 4

Składniki

- 1-funtowa smuga, pokrojona w plastry
- 2 łyżki skrobi kukurydzianej
- 2 łyżki oleju roślinnego
- 2 łyżki oleju sezamowego
- 4 ząbki czosnku, posiekane
- 1 łyżeczka mielonego imbiru
- 1/2 szklanki sosu sojowego
- 1/4 szklanki brązowego cukru
- 1 szklanka bulionu z kurczaka
- szczypta płatków pieprzu
- 4 szklanki brokułów pokrojonych w różyczki
- 2 marchewki, obrane i pokrojone na małe kawałki
- 3 opakowania ramenu, gotowane

- 4 zielone cebule, pokrojone w cienkie plasterki

- ½ szklanki nasion sezamu

Wskazówki:

1. Posyp wołowinę mąką kukurydzianą i dobrze wymieszaj.

2. Rozgrzej trochę oleju na patelni i smaż wołowinę przez 4 minuty z każdej strony. Odłożyć na bok.

3. Do tej samej patelni dodaj trochę oleju sezamowego z czosnkiem i smaż imbir przez 1 minutę.

4. Dodaj sos sojowy, płatki pieprzu, cukier i bulion; gotować przez 3 - 5 minut.

5. Dodać brokuły z marchewką gotować pod przykryciem 5 minut.

6. Ponownie przełóż wołowinę na patelnię i wrzuć do połączenia.

7. Dodaj makaron i cebulę, dokładnie wymieszaj.

8. Posyp nasiona sezamu na wierzchu.

64. Klopsiki Wołowe Ramen

Porcje: 4

Składniki

- 3 szklanki mielonej wołowiny
- 2 łyżki sosu sojowego
- 1 łyżka pasty imbirowej
- 1 łyżeczka pasty czosnkowej
- Sól i pieprz do smaku
- $\frac{1}{4}$ szklanki zielonej cebuli, miedź
- 1 szklanka nasion sezamu
- 1 kromka chleba
- 2 łyżki masła
- 3 opakowania makaronu z przyprawami
- 3 łyżki oleju do gotowania
- 1 łyżka oleju roślinnego
- 3-4 ząbki czosnku, mielone
- 2 łyżki miodu

Wskazówki:

1. Dodaj wołowinę, kromkę chleba, masło, imbir, czosnek, sól i pieprz do blendera, dobrze wymieszaj.

2. Przełóż do miski i dodaj trochę sezamu. Dobrze wymieszaj.

3. Zrób okrągłe kulki z mieszanki.

4. Rozgrzej olej do smażenia na patelni z powłoką zapobiegającą przywieraniu i smaż klopsiki, aż będą dobrze ugotowane (partiami). Odłożyć na bok.

5. Dodaj 2-3 szklanki wody do garnka i pozwól mu się zagotować.

6. Dodaj trochę oleju, soli i makaronu, gotuj przez 2-3 minuty, odcedź i odstaw.

7. Rozgrzej olej w woku i smaż czosnek przez 30 sekund.

8. Dodaj makaron z przyprawami i miodem i wymieszaj do połączenia.

9. Dodać klopsiki i posypać szczypiorkiem.

10. Cieszyć się.

65. Smażona Mielona Wołowina Ramen

Porcje: 3

Składniki

- 2 szklanki mielonej wołowiny
- ½ łyżeczki pasty imbirowej
- 2 marchewki, obrane, pokrojone w plastry
- 1 średnia cebula, pokrojona w cienkie plasterki
- 3-4 czosnek, posiekany
- Sól i pieprz do smaku
- 3 łyżki masła
- 3 opakowania makaronu, gotowane
- 3 opakowania przypraw do makaronu
- 3 łyżki oleju do gotowania
- 2 łyżki octu

Wskazówki:

1. Rozgrzej trochę masła na woku i usmaż pastę imbirową, czosnek z cebulą, aż zmiękną.

2. Dodaj mielone mięso wołowe i smaż, aż nie będzie już różowe.

3. Doprawić przyprawami do makaronu, solą, pieprzem, octem. Wrzucić do połączenia.

4. Dodaj marchewki i gotuj przez 5-6 minut.

5. Po ugotowaniu marchewki dodaj makaron i dokładnie wymieszaj.

6. Przełożyć do naczynia do serwowania i podawać na gorąco.

7. Cieszyć się.

66. Ramen o smaku czosnkowym i miska rybna

Porcje: 2

Składniki

- 1-funtowa ryba, pokrojona w kęsy
- 2 łyżki sosu sojowego
- 2 marchewki, obrane, pokrojone w plastry
- 2 szklanki wody
- Sól i pieprz do smaku
- 2 łyżki sosu rybnego
- 1 łyżka sosu chili
- $\frac{1}{4}$ szklanki dymki, posiekanej
- Makaron ramen

Wskazówki:

1. Dodaj trochę wody, czosnek, marchew, wszystkie sosy, sól i pieprz do rondla, dobrze zagotuj.

2. Dodaj rybę i makaron, gotuj 3-4 minuty.

3. Po zakończeniu dodać trochę dymki i wlać do miseczek.

4. Podawaj i ciesz się.

67. Tuńczyk z Ramen

Porcje: 1

Składniki

- 1 puszka tuńczyka?
- 1 opakowanie makaronu
- 1 opakowanie przypraw do makaronu
- 2 łyżki masła
- $\frac{1}{4}$ łyżeczki soli

Wskazówki:

1. Do rondla wlać 1 szklankę wody i soli, zagotować.
2. Dodaj makaron i gotuj przez 2-3 minuty.
3. Po zakończeniu spuść całą wodę.
4. Dodaj trochę masła do makaronu i dobrze wymieszaj, aby połączyć.
5. Dodaj też trochę przypraw i dobrze wrzuć.

6. Przełóż na półmisek i przykryj tuńczykiem.

68. Wolno gotowane owoce morza i ramen

Porcje: 4

Składniki

- 5 filiżanek bulionu warzywnego
- ¼ szklanki wody
- 3 opakowania makaronu ramen
- 2 marchewki, obrane, posiekane
- 2 szklanki pieczarek, pokrojonych w plastry
- 3 zielone cebule, posiekane
- 1 pęczek jarmużu
- 4 szklanki krewetek
- 2-3 skupiska krabów śnieżnych
- 3 łyżki przypraw do makaronu
- 1 łyżeczka soli
- ¼ łyżeczki czarnego pieprzu
- 1 łyżeczka oleju roślinnego

Wskazówki:

1. Dodaj krewetki, marchew, grzyby, makaron, jarmuż, olej, kraby, cebulę, bulion, sól, pieprz, przyprawy i olej do wolnowaru.

2. Przykryj pokrywką i gotuj pod wysokim ciśnieniem przez 2 godziny.

3. Po zakończeniu przełóż chochlę do miski na zupę i podawaj na gorąco.

4. Cieszyć się.

69. Smażone warzywa i ramen

Porcje: 2

Składniki

- 4-5 łodyżek bok choy, pokrojonych na 2-calowe kawałki
- 3 marchewki, pokrojone w plastry
- 2 zielone papryki, pokrojone w cienkie plasterki
- 1 opakowanie makaronu ramen, gotowane
- 1 szklanka świeżych kiełków fasoli
- 1 puszka płatków kukurydzianych, wypłukanych
- 1 szklanka pasty teriyaki i glazury
- 1 łyżka oleju roślinnego
- 1 szklanka wody

Wskazówki:

1. Dodaj trochę oleju na patelnię z powłoką zapobiegającą przywieraniu i smaż marchewki, paprykę i pokrojoną w plasterki kapustę bok choy przez 3 minuty.

2. Dodaj trochę wody z kiełkami fasoli i kukurydzą, gotuj 3-4 minuty.

3. Teraz dodaj teriyaki i dobrze wymieszaj. Gotuj przez 4 minuty.

4. Podawaj i ciesz się.

70. Warzywa Pieczone z Ramen

Porcje: 2

Składniki

- 2 opakowania makaronu, gotowane
- 2 marchewki, obrane, pokrojone w plastry
- 1 szklanka brokułów, różyczki
- 2 opakowania mieszanki przypraw do makaronu
- 3 łodygi selera, przycięte
- 1 czerwona papryka, pokrojona w plastry
- 1 szklanka posiekanych pieczarek
- 1 cebula, posiekana
- Sól dla smaku
- 1 łyżeczka mielonego imbiru
- ¼ łyżeczki mielonego czosnku
- 2 łyżki oleju roślinnego
- 2 łyżki octu

- 2 łyżki sosu sojowego

Wskazówki:

1. Na patelni rozgrzać trochę oleju i podsmażyć cebulę z pastą imbirowo-czosnkową przez 1-2 minuty.

2. Dodaj wszystkie warzywa i smaż przez 4-5 minut.

3. Dodaj trochę przypraw i sosu sojowego, dobrze wymieszaj, aby połączyć.

4. Dodaj kilka kropel wody i gotuj pod przykryciem przez 6 minut na małym ogniu.

5. Teraz dodaj makaron i ocet, wymieszaj, aby połączyć.

6. Cieszyć się.

71. Łatwy wegański ramen

Porcje: 3

Składniki

- 2 łyżki oleju sezamowego
- 2 jajka, gotowane
- 1 łyżeczka startego imbiru
- 4-5 ząbków czosnku, posiekanych
- 2 łyżki sosu sojowego
- 4 szklanki bulionu warzywnego
- 1 szklanka świeżych grzybów shiitake
- 1 ½ szklanki młodego szpinaku
- 2 opakowania makaronu ramen
- 1/4 szklanki zielonej cebuli, pokrojonej w plastry
- 2-3 marchewki, rozdrobnione
- 3 łyżki sezamu

Wskazówki:

1. Rozgrzej trochę oleju w rondlu i smaż trochę imbiru i czosnku przez 20 sekund.

2. Dodaj trochę bulionu warzywnego ze wszystkimi przyprawami i sosem sojowym. Dobrze wymieszaj.

3. Dodaj wszystkie warzywa (oprócz zielonej cebuli), dobrze wymieszaj.

4. Gotuj pod przykryciem przez 9-10 minut na małym ogniu.

5. Teraz dodaj makaron i gotuj ponownie przez 3 minuty.

6. Udekoruj jajkiem, sezamem i zieloną cebulką.

7. Obsługiwać.

72. Czerwona Papryka Limonka Ramen

Porcje: 2

Składniki

- 4 łyżki sosu sojowego
- 2 łyżeczki sambal oelek
- 1 łyżka miodu
- 2 łyżeczki octu ryżowego
- 2 łyżeczki oleju sezamowego
- 4 łyżeczki soku z limonki
- 1 łyżeczka oleju roślinnego
- 2 łyżki imbiru, mielonego
- 1 cebula, pokrojona w plastry
- 1 szklanka czerwonej papryki, pokrojonej w plastry
- ¼ szklanki świeżych posiekanych liści kolendry
- 2 duże pęczki zielonej cebuli, posiekane

- 2 opakowania makaronu gotowane z przyprawami
- sól do przypraw

Wskazówki:

1. Rozgrzej trochę oleju na patelni i usmaż imbir, aż zacznie pachnieć.

2. Dodaj paprykę i mieszaj smaż przez 4-5 minut, aż dobrze się upiecze.

3. Teraz dodaj wszystkie przyprawy, sól, sos sojowy i sambal oelek, dobrze wymieszaj.

4. Dodaj też cebulę i smaż przez 3-4 minuty.

5. Dodaj makaron, sok z limonki, miód, ocet i olej sezamowy, wymieszaj.

6. Przełożyć do naczynia do serwowania i posypać zieloną cebulką.

73. Yakisoba

Porcje: 4

Składniki:

- Sos rybny, dwie łyżki
- Jajko, jedno
- Sos sojowy, pół szklanki
- Gotowany ryż japoński, trzy filiżanki
- Pomidory, dwa
- Kolendra, pół szklanki
- Sól i pieprz do smaku
- Olej roślinny, dwie łyżki stołowe
- Japońska papryczka chili, trzy
- Prażone orzechy włoskie, pół szklanki
- Pierś z kurczaka, osiem uncji
- Cebula, jeden
- Scalions, pół szklanki
- Mielony czosnek, jedna łyżeczka

Wskazówki:

a) Gdy wok będzie bardzo gorący, dodaj dwie łyżeczki oleju.
b) Gdy olej będzie gorący, dodaj kurczaka i smaż na wysokich obrotach, aż cały się zrumieni i ugotuje.

c) Wyjmij kurczaka i odstaw, dodaj jajka, szczyptę soli i gotuj minutę lub dwie, aż będzie gotowe.

d) Pozostały olej dodajemy do woka i dodajemy cebulę, szalotki i czosnek. Wymieszaj cały ryż. Dodaj sos sojowy i sos rybny wymieszaj, aby wymieszać wszystkie składniki.

e) Mieszaj przez kilka minut, a następnie dodaj jajko i kurczaka z powrotem do woka.

ZUPY I SAŁATKI

74. Sałatka z Makaronem Ramen

Porcje: 1

Składniki:

- Kapusta i cebula, jedna filiżanka
- Sezam, jedna łyżka
- Sos sojowy, jedna łyżka
- Cukier, jedna łyżka
- Ocet, jedna łyżka
- Masło, zgodnie z wymaganiami
- Makaron Ramen, jedno opakowanie
- Migdały, zgodnie z wymaganiami

Wskazówki:

a) Połącz olej, ocet, cukier i sos sojowy w słoiku i potrząsaj, aż cukier się rozpuści.
b) Roztop masło na dużej patelni na średnim ogniu. Gdy masło się topi, zmiażdż makaron ramen, pozostając w opakowaniu.
c) Usuń opakowanie przypraw i wyrzuć.
d) Dodaj makaron, migdały i sezam do roztopionego masła na patelni.
e) Smaż, często mieszając, aż masa będzie złotobrązowa.
f) Rozdrobnij kapustę i połącz kapustę z cebulą w dużej misce. Dodaj mieszankę makaronu.

g) Polej sałatkę sosem i dobrze wymieszaj, aby połączyć.

h) Natychmiast podawaj.

75. Zupa ramen dla dzieci

Porcje: 4

Składniki

- 2 (14 1/2 uncji) puszki bulionu z kurczaka
- 1/2 funta baby bok choy, przekrojona wzdłuż na pół
- 2 zielone cebule, pokrojone na 2-calowe kawałki
- świeży imbir, mielony
- 1 ząbek czosnku, posiekany
- 1 1/2 łyżeczki sosu sojowego
- 1 opakowanie (3 1/2 uncji) makaronu ramen
- 1/4 funta pokrojonej szynki
- 4 jajka na twardo, obrane i poćwiartowane
- 1 łyżeczka oleju sezamowego

Wskazówki

a) Umieść garnek na średnim ogniu. Dodać bulion, kapustę bok choy, zieloną cebulkę, imbir, czosnek i sos sojowy.

b) Gotuj przez 12 minut. Dodaj makaron do garnka. Gotuj zupę przez dodatkowe 4 minuty.

c) Zupę podawaj na ciepło z ulubionymi dodatkami. Cieszyć się.

76. Zupa z makaronem nori

Porcje: 4

Składniki

- 1 opakowanie (8 uncji) suszonego makaronu soba
- 1 C. przygotowany bulion dashi
- 1/4 C. sos sojowy
- 2 łyżki mirin
- 1/4 łyżeczki białego cukru
- 2 łyżki sezamu
- 1/2 C. posiekanej zielonej cebuli
- 1 arkusz nori (suszone wodorosty), pokrojony w cienkie paski (opcjonalnie)

Wskazówki

a) Makaron ugotować zgodnie z instrukcją na opakowaniu. Odcedź i ostudź wodą.

b) Umieść mały rondel na średnim ogniu. Wymieszaj dashi, sos sojowy, mirin i biały cukier. Gotuj, aż zacznie się gotować.

c) Wyłącz ogrzewanie i pozwól mieszance stracić ciepło przez 27 minut. Sezam z makaronem podzielić na miski i polać zupą rosołową.

d) Udekoruj miski zupy nori i zieloną cebulką.

e) Cieszyć się.

77. Sałatka z jabłkiem ramen

Porcje: 10

Składniki

- 12 uncji. różyczki brokułów
- 1 torebka (12 uncji) brokułów coleslaw mix
- 1/4 C. nasiona słonecznika
- 2 opakowania (3 uncje) makaronu ramen
- 3 łyżki masła
- 2 łyżki oliwy z oliwek
- 1/4 C. pokrojone migdały
- 3/4 C. olej roślinny
- 1/4 C. brązowy cukier
- 1/4 C. ocet jabłkowy
- 1/4 C. zielona cebula, posiekana

Wskazówki

a) Umieść dużą patelnię na średnim ogniu. Podgrzej w nim olej.

b) Naciśnij ramen rękami, aby go zmiażdżyć. Wymieszaj na patelni z migdałami.

c) Gotuj je przez 6 minut, a następnie odłóż na bok patelnię.

d) Zdobądź dużą miskę do mieszania: wrzuć do niej brokuły, sałatkę brokułową i słoneczniki. Dodaj mieszankę makaronów i ponownie wrzuć.

e) Zdobądź małą miskę do mieszania: Wymieszaj w niej olej roślinny, brązowy cukier, ocet jabłkowy i paczkę przypraw do makaronu ramen, aby zrobić winegret.

f) Całą sałatkę skropić winegretem i wymieszać, aby pokryła się warstwą. Sałatkę podawaj z zieloną cebulką na wierzchu. Cieszyć się.

78. Ramen zupa sezamowa

Porcje: 4

Składniki

- 1 funt stek z okrągłej góry, julienne
- 1 łyżka oleju arachidowego
- 1/2 łyżki oleju sezamowego
- 2,5 cm świeżego imbiru, drobno startego
- 2 ząbki czosnku, posiekane
- 1/4-1/2 łyżeczki pokruszonych płatków czerwonej papryki
- 3 C. bulion wołowy
- 2 pęczki szalotki, pokrojone w kostkę
- 2 łyżki octu ryżowego
- 2 (3 uncje) paczki makaronu ramen, wyjęte z opakowania 1/2 C. marchewki baby, starte

Wskazówki

a) Umieść dużą patelnię na średnim ogniu. Podgrzej w nim 1/3 każdego z olejków.

b) Podsmaż w nim imbir, czosnek i czerwone chilli. Gotuj je przez 1 minutę. Dodaj 1/3 plastrów wołowiny. Gotuj je przez 4 minuty. Odłóż miksturę na bok.

c) Powtarzaj proces z pozostałą wołowiną i olejem, aż się skończy. Umieść duży rondel na średnim ogniu. Wymieszaj w nim bulion, ocet i szalotki. Gotuj je, aż zaczną się gotować.

d) Zmniejsz ogień i gotuj, aż zacznie się gotować. Dodaj ramen i gotuj przez 4 do 4 minut, aż będzie gotowy.

e) Włóż makaron do miski, a następnie posyp go smażoną wołowiną. Podawaj na ciepło.

79. Sałatka ramen Sambal

Porcje: 2

Składniki

- 1 opakowanie (3 uncje) makaronu ramen
- 1 C. kapusta, rozdrobniona
- 4 szalotki, pokrojone na 1-calowe kawałki
- 2-3 marchewki
- groszek śnieżny, julienned
- 3 łyżki majonezu
- 1/2 łyżeczki sambal oelek lub sriracha
- 1-2 łyżeczki soku z cytryny
- 1/4 C. orzeszki ziemne, posiekane
- kolendra, posiekana

Wskazówki

a) Makaron przygotować zgodnie z instrukcją na opakowaniu i gotować przez 2 minuty. Wyjmij go z wody i odłóż na bok do odsączenia.

b) Weź małą miskę: wymieszaj w niej majonez, sambal olek i sok z cytryny, aby zrobić sos

c) Zdobądź dużą miskę: wymieszaj w niej kapustę, marchew, szalotkę, groszek śnieżny, ugotowany makaron, sos majonezowy, szczyptę soli i pieprzu. Dobrze je wymieszaj.

d) Podawaj sałatkę i ciesz się.

80. Krem z ramenu i grzybów

Porcje: 4

Składniki

- 1 opakowanie (3 uncje) makaronu ramen o smaku kurczaka

- 1 puszka (10 3/4 uncji) kremu z zupy grzybowej

- 1 (3 uncje) puszki kurczaka

Wskazówki

a) Ramen przygotuj zgodnie z instrukcją na opakowaniu.

b) Umieść duży rondel na średnim ogniu. Wmieszaj zupę, kurczaka i przyprawy. Gotuj przez 6 minut.

c) Makaron odcedzić i podzielić między miski. Nałóż na nią zupę i podawaj na ciepło. Cieszyć się.

81. Soczysta sałatka serrano ramen

Porcje: 2

Składniki

- 1 żółta cebula, posiekana
- 2 pomidory romskie, posiekane
- 1 chili serrano, posiekane
- 1 czerwona papryka, pieczona i obrana, średnio posiekana
- 1 st. mieszane warzywa pokrojone w kostkę
- 2 (3 uncje) paczki makaronu błyskawicznego ramen o orientalnym smaku
- 1 kostka bulionu warzywnego
- 1 łyżeczka kminku w proszku
- 1 łyżeczka czerwonego chili w proszku
- 4 łyżki sosu do spaghetti
- 2 łyżeczki oleju rzepakowego lub 2 łyżeczki innego oleju roślinnego

Wskazówki

a) Umieść dużą patelnię na średnim ogniu. Podgrzej w nim olej. Podsmażaj w niej cebulę z pomidorem i chili serrano przez 3 minuty.

b) Wymieszaj w opakowaniu przyprawowym i kostce bulionowej Maggi. Dodać warzywa, kminek i 1/2 C wody. Gotuj przez 6 minut. Dodaj sos do spaghetti i gotuj przez dodatkowe 6 minut.

c) Makaron przygotować zgodnie z instrukcją na opakowaniu. Wrzuć makaron z mieszanką warzyw. Podawaj na gorąco. Cieszyć się.

82. Sałatka z mandarynkowym ramenem

Porcje: 6

Składniki

- 1 (16 uncji) opakowania sałatki coleslaw mix
- 2 opakowania (3 uncje) makaronu ramen, pokruszonego
- 1 C. pokrojone migdały
- 1 (11 uncji) puszki mandarynek, odsączonych
- 1 C. prażone nasiona słonecznika, łuskane
- 1 pęczek zielonej cebuli, posiekanej
- 1/2 C. cukier
- 3/4 C. olej roślinny
- 1/3 C. biały ocet
- 2 opakowania przyprawy do ramen

Wskazówki

a) Weź małą miskę: wymieszaj w niej ocet, przyprawę do ramenu, olej i cukier, aby zrobić dressing.

b) Zdobądź dużą miskę do mieszania: wrzuć do niej mieszankę sałatki coleslaw z makaronem, migdałami, mandarynką, pestkami słonecznika i cebulą.

c) Skrop je sosem i wrzuć do płaszcza. Włóż sałatkę do lodówki na 60 minut, a następnie podawaj. Cieszyć się.

83. Zupa curry z makaronem

Porcje: 4

Składniki

- 3 marchewki, pokrojone na kawałki wielkości kęsa
- 1 mała cebula, pokrojona na małe kawałki
- 3 łyżki wody
- 1/4 C. olej roślinny
- 1/2 C. mąka uniwersalna
- 2 łyżki mąki uniwersalnej
- 2 łyżki czerwonego curry
- 5 C. gorący bulion warzywny
- 1/4 C. sos sojowy
- 2 łyżeczki syropu klonowego
- 8 uncji makaronu udon lub więcej do smaku

Wskazówki

a) Zdobądź miskę do mikrofalówki: wymieszaj w niej wodę z marchewką i cebulą, nałożyć pokrywkę i gotować na wysokich obrotach przez 4 minuty 30 sekund.

b) Umieść garnek zupy na średnim ogniu. Podgrzej w nim olej. Dodaj do tego 1/2 C. plus 2 łyżki mąki i wymieszaj na pastę.

c) Dodaj curry z gorącym bulionem i gotuj przez 4 minuty cały czas miksując. Dodaj ugotowaną cebulę i marchewkę z sosem sojowym i syropem klonowym.

d) Makaron ugotuj zgodnie z instrukcją na opakowaniu, aż stanie się miękki.

e) Gotuj zupę, aż zacznie się gotować. Dodaj makaron i podawaj zupę na gorąco.

84. Sałatka z kremowymi orzechami i makaronem

Porcje: 4

Składniki

- 1 opakowanie makaronu ramen o smaku kurczaka
- 1 st. seler pokrojony w kostkę
- 1 puszka (8 uncji) pokrojone w plasterki kasztany wodne, odsączone
- 1 st. posiekanej czerwonej cebuli
- 1 C. pokrojony w kostkę zielony pieprz
- 1 groszek
- 1 C. majonez

Wskazówki

a) Zmiażdżyć makaron na 4 kawałki. Przygotuj je zgodnie z instrukcją na opakowaniu.

b) Weź dużą miskę do mieszania: odcedź makaron i wymieszaj z selerem, kasztanami wodnymi, cebulą, pieprzem i groszkiem.

c) Zdobądź małą miskę: ubij w niej majonez z 3 saszetkami przypraw. Dodaj je do sałatki i wrzuć do płaszcza. Sałatkę włożyć do lodówki na 1 do 2 godzin, a następnie podać.

d) Cieszyć się.

85. Japońska zupa grzybowa z makaronem

Składniki

- 2 uncje grzyba Buna shimeji
- 1 pakiet. Makaron Soba lub Twój ulubiony makaron. Gotowane i odsączane zgodnie z instrukcją
- 3 łyżki bazy do zupy mizkan
- 2 jajka na twardo, rozkruszone i przekrojone na pół
- 1 pęczek baby bok choy lub sałaty
- 2 szklanki. Woda
- 2 łyżeczki białego sezamu
- szalotki, posiekane

Instrukcje

a) W średnim rondlu zagotuj wodę i dodaj bazę zupy, baby bok choy i grzyby. Gotuj przez 2 minuty.
b) Ugotowany makaron przełóż na talerze/miskę. Połóż połówki jajek i polej je zupą
c) Udekoruj szalotką i sezamem
d) Podawać z pałeczkami

86. Rosół z makaronem

Porcje: 4

Składniki

- 2 łyżki oliwy z oliwek
- 1 ½ szklanki pora, na koniec posiekanej
- 3 ząbki czosnku, posiekane
- 1 ½ funta piersi z kurczaka, bez kości, pokrojonej w małe paski
- 6-7 filiżanek wywaru z kurczaka
- Sól i pieprz do smaku
- 1-2 opakowania makaronu ramen
- 1 średnia cytryna, pokrojona w ćwiartki
- 1 jajko na twardo, w razie potrzeby
- 1 szalotka, posiekana, do przybrania

Wskazówki:

1. Rozgrzej trochę oleju w garnku na średnim ogniu.

2. Dodaj pory i czosnek, mieszaj smaż, aż składniki będą ugotowane i miękkie, mieszając.

3. Dodaj paski kurczaka i gotuj przez około 4-5 minut.

4. Dodaj trochę bulionu drobiowego, sól i pieprz i zagotuj. Zmniejsz ogień i gotuj zupę przez 10-12 minut.

5. Teraz dodaj makaron i gotuj, aż będzie twardy.

6. Zdejmij z ognia i dodaj trochę soku z cytryny.

7. Podziel zupę na 3-4 miski.

8. Udekoruj szalotką i jajkiem.

9. Podawaj i ciesz się.

87. Sałatka z makaronem ramen z kurczakiem

Porcje: 4

Składniki

- ½ funta kurczaka ugotowanego i posiekanego
- 4-5 kubków kapusty, posiekanej
- 3-4 marchewki, obrane, posiekane
- 2 opakowania makaronu ramen o smaku kurczaka
- 1 szklanka posiekanej zielonej cebuli
- ¼ szklanki migdałów, prażonych, pokrojonych w plastry
- ¼ szklanki nasion sezamu
- ¼ szklanki oliwy z oliwek
- ¼ szklanki octu ryżowego
- 5 łyżek cukru
- 3 łyżki sosu sojowego
- Sól i pieprz do smaku

Wskazówki:

1. W dużej misce dodaj kapustę, cebulę, migdały, sezam i makaron ramen.

2. W misce wymieszać trochę soli, pieprzu, oleju, octu i cukru, dobrze wymieszać.

3. Polej sałatkę sosem i wymieszaj, aby połączyć.

4. Umieść go w lodówce, aż ostygnie.

5. Podawaj i ciesz się.

88. Zupa Wieprzowa Ramen

Porcje: 4

Składniki

- 3 łyżki oleju rzepakowego
- 2-3 kotlety wieprzowe, bez kości
- sól i pieprz do smaku
- 8-10 szalotek, pokrojonych w plasterki, oddzielone zieloną i białą przegrodą
- 1 2,5 cm imbir, pokrojony
- 8 filiżanek bulionu z kurczaka
- 3 łyżki octu
- 2-3 opakowania makaronu ramen
- 2 łyżki sosu sojowego
- 2 marchewki, obrane, starte
- 2-3 rzodkiewki, cienko pokrojone
- $\frac{1}{4}$ szklanki posiekanych liści kolendry

Wskazówki:

1. Podgrzej rondel na średnim ogniu przez 5 minut. Dodaj trochę oleju i smaż wieprzowinę, aż będzie dobrze ugotowana, 5-6 minut z każdej strony.

2. Dopraw solą i pieprzem.

3. Przełóż na talerz i przykryj folią. Odstawić na 5 minut.

4. W tym samym rondlu podsmażamy szalotkę z imbirem i gotujemy przez 30-50 sekund.

5. Dodaj trochę bulionu i zagotuj.

6. Dodaj makaron i gotuj przez 2-3 minuty.

7. Dodaj sos sojowy i ocet.

8. Przełóż zupę do misek i nałóż na wierzch wieprzowinę, szalotkę, posiekaną marchewkę, pokrojone w plasterki rzodkiewki i kolendrę.

89. Łatwa zupa ramen z wołowiną

Porcje: 2

Składniki

- 1-funtowy stek
- 1-funtowa Choy Sum, posiekana
- 4-5 ząbków czosnku, posiekanych
- 3-4 szalotki, rozdzielone na biało i zielono, posiekane
- 2 szklanki grzybów Enoki, pokrojonych w plastry
- 1 1-calowy kawałek imbiru
- 4 łyżki Demi-Glace
- 4 łyżki pasty miso
- 3 łyżki sosu sojowego
- 2 łyżki sosu Hoisin
- 2 opakowania Makaron Ramen, gotowany
- 3 łyżki oleju do gotowania

Wskazówki:

1. Dodaj trochę oleju jadalnego do woka i smaż wieprzowinę z obu stron, aż się ładnie zrumieni. Wyjmij z woka i odstaw na bok.

2. Dodaj 5-6 szklanek wody, czosnek, sos sojowy, demi-glace, imbir, pieczarki, sos hoisin, choy chum i szalotki do dużego garnka, gotuj aż zmiękną.

3. Teraz dodaj smażoną wieprzowinę i przykryj pokrywką, ponownie gotuj przez 10-12 minut.

4. Teraz dodaj miso i makaron, ponownie zagotuj.

5. Chochla do misek i na wierzch z szalotka.

.

90. Zupa Rybna Ramen

Porcje: 2

Składniki

- 2 średnie filety rybne, pokrojone w 2-calowe plastry
- ¼ szklanki dymki, posiekanej
- 3 marchewki, obrane, pokrojone w plastry
- 2 opakowania makaronu ramen
- 1 łyżeczka soli
- 4-5 ząbków czosnku, posiekanych
- 2 łyżki oleju do gotowania
- ¼ łyżeczki czarnego pieprzu
- 4 szklanki bulionu z kurczaka
- 2 łyżki sosu sojowego
- 2 łyżki sosu rybnego

Wskazówki:

1. Do rondla wrzuć bulion z kurczaka, czosnek, olej, sól i pieprz i zagotuj.

2. Dodać marchewki, gotować pod przykryciem przez 5-8 minut na średnim ogniu.

3. Dodaj rybę, cebulę i makaron, smaż 3-4 minuty lub do końca.

4. Dodaj trochę sosu rybnego i sojowego, wymieszaj, aby połączyć.

5. Podawać na gorąco.

91. Zupa Krewetkowa Z Makaronem

Porcje: 1

Składniki

- 5-6 krewetek
- 1 paczka makaronu z przyprawami
- ¼ łyżeczki soli
- 1 łyżka oleju roślinnego
- 2-3 ząbki czosnku, posiekane
- 2 szklanki bulionu z kurczaka

Wskazówki:

1. Rozgrzej trochę oleju w rondlu i smaż trochę zmielonego czosnku przez 30 sekund.

2. Dodaj krewetki i smaż mieszając przez 4 minuty.

3. Dodaj wszystkie przyprawy, makaron i wodę, zagotuj przez 3-4 minuty.

4. Przełóż do miski do serwowania.

92. Zupa Ramen z Grzybami

Porcje: 2

Składniki

- 2 szklanki liści szpinaku
- 2 paczki makaronu ramen
- 3 szklanki bulionu warzywnego
- 3-4 ząbki czosnku, mielone
- ¼ łyżeczki cebuli w proszku
- Sól i pieprz do smaku
- 1 łyżka oleju roślinnego
- ¼ szklanki dymki, posiekanej
- 3-4 pieczarki, posiekane

Wskazówki:

1. Dodaj bulion warzywny, sól, olej i czosnek do rondla i gotuj przez 1-2 minuty.

2. Teraz dodajemy makaron, pieczarki, szczypiorek, szpinak i pieprz, gotujemy 2-3 minuty.

3. Ciesz się gorącym.

93. Zupa Grzybowa Ramen

Porcje: 2

Składniki

- 2 szklanki pieczarek, pokrojonych w plastry
- 2 opakowania makaronu ramen
- 1 łyżeczka czarnego pieprzu
- 2 łyżki ostrego sosu
- 2 łyżki sosu sojowego
- 1 łyżka sosu Worcestershire
- ¼ łyżeczki soli
- 3 szklanki bulionu warzywnego
- 1 cebula, posiekana
- 2 łyżki sosu chili
- 2 łyżki oleju arachidowego

Wskazówki:

1. W rondelku rozgrzać olej i smażyć pieczarki przez 5-6 minut na średnim ogniu.

2. Dodać bulion, sól, pieprz, ostry sos, sos Worcestershire, cebulę i sos sojowy, dobrze wymieszać. Gotuj przez kilka minut.

3. Dodaj makaron i gotuj przez 3 minuty.

4. Po zakończeniu przełóż do miski i polej sosem chili.

5. Cieszyć się.

94. Makaron & Kulki Wieprzowe z Microgreens

Porcje: 4

Składniki

Kulki wieprzowe z imbirem:

- 1 funt mielonej wieprzowiny hodowanej w zrównoważony sposób
- 1/4 łyżeczki białego pieprzu
- 1/4 łyżeczki cukru
- 1/4 łyżeczki cebuli w proszku

- 1 łyżeczka soli koszernej
- 1 łyżeczka startego imbiru
- 1 łyżka szalotki, mielonej
- 1/2 łyżki szalotki, drobno posiekanej
- 1 łyżka awokado lub oliwy z oliwek

Makaron:

- 2 łyżeczki świeżo startego imbiru
- 1/2 łyżki szalotki, mielonej
- 3 łyżeczki sosu rybnego
- 2 łyżeczki octu ryżowego
- 4 1/2 szklanki bulionu warzywnego
- 1 łodyga trawy cytrynowej pokrojona na 4 części
- 1 łyżeczka skórki z limonki
- 6 uncji makaronu ramen
- 2 1/2 łyżki sosu sojowego
- 2 łyżeczki pasty chili

- 1 szklanka rukwi wodnej

- 1 ogórek angielski, pokrojony w cienkie plasterki

- Ziarna sezamu, do dekoracji

Wskazówki

a) W średniej wielkości misce dodaj wszystkie składniki na kulki wieprzowe, oprócz oleju.

b) Połącz składniki rękami, upewniając się, że szalotki i szalotki są rozłożone w całej mieszance.

c) Nałóż odrobinę oleju na palce, aby wieprzowina przykleiła się do dłoni. Odetnij niewielką ilość wieprzowiny, zwiń w kulkę i odłóż na talerz.

d) W dużym garnku skrop olejem z awokado na średnim ogniu. Gdy olej będzie gorący, dodaj kulki wieprzowe, uważając, aby nie zacisnąć patelni.

e) Smażyć partiami, aż kulki zbrązowieją ze wszystkich stron, obracając jeden raz; około 5 minut. Odłożyć na bok.

f) Na tej samej patelni dodaj imbir i szalotki. Jeśli po smażeniu patelnia jest zbyt sucha, dodaj więcej oleju. Smaż, aż pachnie, około 2 minut.

g) Dodaj sos rybny i ocet, mieszając 1 minutę.

h) Dodaj bulion, trawę cytrynową i skórkę z limonki. Wymieszaj i zagotuj. Dodaj kulki wieprzowe. Przykryj i gotuj na wolnym ogniu około 10 minut.

i) Odkryć i doprowadzić do wrzenia. Dodaj makaron ramen i gotuj przez 5 minut.

j) W międzyczasie w małej miseczce wymieszaj sambal oelek i sos sojowy. Dodaj do garnka, delikatnie mieszając. Usuń trawę cytrynową z garnka i wyłącz ogień.

k) Dodaj rzeżuchy, delikatnie mieszając, aż zwiędnie.

l) Podawaj makaron w płytkich miseczkach, dzieląc je równo i dodając dodatkowy bulion do misek.

m) Udekoruj ogórkami, sezamem i dodatkowymi gałązkami rzeżuchy, jeśli chcesz.

DESERY

95. Ramen Z Syropem Czekoladowym

Składniki

- 1 szklanka brązowego cukru
- 1 opakowanie Makaron Ramen
- 1 łyżka wanilii
- 2 szklanki wody
- 1 szklanka syropu czekoladowego
- Cukier cukierniczy (opcjonalnie)
- Bita polewa (opcjonalnie)

Wskazówki-

1. W średniej wielkości garnku zagotuj wodę. Dodaj 1 opakowanie Makaron Ramen. Zachowaj przyprawy na kolejny dzień. Dodaj 1 szklankę brązowego cukru. Odczekaj 10 minut mieszając od czasu do czasu.

2. Woda ściekowa. Postaw garnek z powrotem na średnim ogniu i dodaj 1 szklankę syropu czekoladowego i 1 łyżeczkę wanilii.

3. Mieszaj od czasu do czasu. Po odczekaniu 5 minut zdejmij ogień i wstaw do lodówki na 1 godzinę. Podawać i posypać cukrem cukierniczym i/lub bitą polewą.

96. Ramen z sosem truskawkowym

Składniki

- 1 opakowanie makaronu ramen (bez opakowania przyprawowego)
- sos truskawkowy (jak na deser lodowy)
- 1 butelka miodu
- 1 kreska cynamon
- 1 odrobina cukru
- Najlepsza jest bita śmietana z puszki lub Cool Whip.

Wskazówki

1. Ugotuj ramen zgodnie z instrukcją na opakowaniu.
2. Odpływ.
3. Włóż makaron do lodówki, aż ostygnie.
4. Wyjmij z lodówki i połóż na talerzu.
5. Dodaj tyle miodu, ile chcesz, użyj do tego wyciskanej butelki.

6. Posyp cynamonem i cukrem.

7. Dodaj odrobinę sosu truskawkowego.

8. Udekoruj dużą ilością bitej śmietany i jeszcze jedną skropioną sosem truskawkowym, aby uzyskać kolor.

9. Cieszyć się!

97. Chrupiący makaron ramen Baton

Składnik

- 6 łyżek solonego masła
- 7c. miniaturowe pianki
- 1 łyżeczka ekstraktu waniliowego
- c. kremowe masło orzechowe
- 4 (3 uncje) makarony ramen, suche, bez przypraw i pokruszone
- 3c. chrupiące płatki ryżowe
- 1c. półsłodkie chipsy czekoladowe

Wskazówki

1. Spryskaj 9x13-calową blachę do pieczenia nieprzywierającym sprayem. Odłożyć na bok.

2. Rozpuść masło w dużym rondlu. Dodaj pianki i mieszaj, aż się rozpuszczą i będą gładkie. Dodaj ekstrakt waniliowy i zdejmij z ognia.

3. Wymieszaj masło orzechowe z marshmallow. Dodać suchy makaron ramen i płatki zbożowe, aż dobrze się połączą. Wciśnij mieszaninę do przygotowanej patelni. Fajne 15 minut.

4. Rozpuść chipsy czekoladowe w kuchence mikrofalowej, aż się rozpuszczą i będą gładkie. Mżawka na wierzchu prętów. Pokrój na 24 batoniki.

98. Buckeye ramen stogi siana

Uzyskuje 12 klastrów

Składniki

- 1 szklanka masła orzechowego

- 8 uncji półsłodkich lub gorzkich chipsów czekoladowych

- Pakiet 1-3 uncji ramen, dowolny smak, wyrzuć pakiet smaku!

Wskazówki

1. Połam ramen na mniejsze kawałki i odstaw na bok.

2. Połóż papier woskowany na blasze do pieczenia i odstaw na bok.

3. W średnim rondlu na małym ogniu połącz masło orzechowe z czekoladą i często mieszaj, aż się rozpuszczą i będą gładkie.

4. Dodaj kawałki ramenu i wymieszaj, aby połączyć i całkowicie pokryć.

5. Zdejmij z ognia i upuść zaokrągloną łyżką stołową na przygotowaną blachę do pieczenia.

6. Włóż do lodówki do całkowitego zastygnięcia. Następnie ciesz się!

99. Ciasteczka z makaronem ramen

Służy 2

Składniki

- 3 opakowania makaronu ramen o dowolnym smaku
- 1 opakowanie chipsów z białej czekolady w regularnym rozmiarze
- 2 łyżki masła
- 1 opakowanie m&m's w regularnym rozmiarze
- 1 rodzynki

Wskazówki

1. Połóż kawałek pergaminu lub papieru woskowanego w swoim obszarze roboczym.

2. Makaron Ramen połam na małe kawałki i włóż do miski. Odłóż saszetki smakowe na bok do ponownego użycia.

3. Na patelni dodaj masło i pozwól mu się podgrzać na jasnobrązowy kolor. Dodaj makaron, aż zbrązowieją

4. Rozpuść białą czekoladę w kuchence mikrofalowej lub podwójnym grillu, aż będzie miękka i możesz połączyć pozostałe składniki.

5. Dodaj rodzynki, m&m's i makaron i dobrze wymieszaj z białą czekoladą.

6. Upuść miksturę łyżkami na kawałek pergaminu lub woskowanego papieru i odstaw, aż ciastko stwardnieje, a następnie przechowuj w chłodnym, suchym pojemniku.

100. smażony-lody-ramen

Składniki

- 1 opakowanie Makaron Ramen, dowolny smak
- 8 miarek Lodów Waniliowych, podzielonych
- 1/4 dol. drobno posiekane migdały
- 1/2 szklanki miodu
- 4 łyżki syropu czekoladowego
- Bita śmietana, opcjonalnie
- 2 łyżki masła
- smażony-lody-ramen

Wskazówki

1. Na małej patelni rozgrzać masło, dodając suchy, pokruszony makaron ramen. Smaż ramen, aż będzie chrupiący i lekko zarumieniony.

2. Lekko zmniejsz ogień i dodaj miód do smażonego ramenu, delikatnie mieszając,

aż zacznie bulgotać. Dodaj drobno posiekane migdały. Zalej 4-6 misek – każda zawiera Podwójne gałki lodów waniliowych.

3. Skrop każdy „Fried Ice cream" 1 łyżką syropu czekoladowego. Na wierzch nałóż porcję bitej śmietany i od razu podawaj.

WNIOSEK

Co za przejażdżka! Znajomość wspaniałych japońskich potraw od razu była warta przejażdżki... a jeśli planujesz zorganizować imprezę o tematyce azjatyckiej, to jest dobry moment, aby zacząć ćwiczyć swoje azjatyckie umiejętności kulinarne i być z siebie dumnym. Możesz więc wypróbować je jeden po drugim i pamiętaj, aby powiedzieć nam, jak poszło.

Kuchnia japońska słynie z różnorodności potraw i ogromnej kombinacji rzadkich przypraw, które zwykle są uprawiane tylko w Japonii.

Miłego gotowania japońskiego jedzenia!

www.ingramcontent.com/pod-product-compliance
Lightning Source LLC
Chambersburg PA
CBHW070501120526

44590CB00013B/711